RAÍZES ERRANTES

Mauro Maldonato

RAÍZES ERRANTES

Tradução de Roberta Barni

SESC SP

editora 34

SESC São Paulo
Av. Paulista, 119 CEP 01311-903 São Paulo - SP Brasil
Tel. (11) 3179-3400 Fax (11) 288-6206 www.sescsp.org.br

Editora 34 Ltda.
Rua Hungria, 592 Jardim Europa CEP 01455-000
São Paulo - SP Brasil Tel/Fax (11) 3816-6777 www.editora34.com.br

Copyright © Editora 34 Ltda., 2004
Raízes errantes © Mauro Maldonato, 2004

A FOTOCÓPIA DE QUALQUER FOLHA DESTE LIVRO É ILEGAL, E CONFIGURA UMA APROPRIAÇÃO INDEVIDA DOS DIREITOS INTELECTUAIS E PATRIMONIAIS DO AUTOR.

Título original:
Radici erranti

Imagem da capa:
Desenho de Andrea Sparaco, 2004

Capa, projeto gráfico e editoração eletrônica:
Bracher & Malta Produção Gráfica

Preparação:
Carlos A. Inada

1ª Edição - 2004

Catalogação na Fonte do Departamento Nacional do Livro
(Fundação Biblioteca Nacional, RJ, Brasil)

    Maldonato, Mauro
M588r   Raízes errantes / Mauro Maldonato; introdução
    de Edgar Morin; tradução de Roberta Barni. —
    São Paulo: SESC São Paulo; Ed. 34, 2004.
    192 p.

    ISBN 85-7326-299-0

    Tradução de: Radici erranti

        1. Filosofia. I. Morin, Edgar. II. Barni, Roberta.
    III. Título.

CDD - 869.1

RAÍZES ERRANTES

Apresentação	7
Introdução, *Edgar Morin*	9
Prelúdio	25
1. O estrangeiro	29
2. Luzes meridianas	35
3. O outro e sua sombra	53
4. Uma epistemologia interior	77
5. Passagens para noroeste	91
6. Um pensamento viandante	103
7. Olhares de fronteira	113
8. Indícios da alma	135
9. Aquém do último horizonte	147
10. Certas extremidades da consciência	167

Apresentação

Entre as ações culturais desenvolvidas pelo SESC São Paulo, o exercício do pensamento original e do diálogo são permanentemente estimulados por meio de seminários, conferências ou publicações, como esta que ora apresentamos.

Priorizando temas da atualidade em suas dimensões culturais, sociais, políticas e artísticas, as atividades vocacionadas à reflexão intelectual estão comprometidas com a perspectiva da mudança, do questionamento e das possibilidades do novo, no plano da teoria e da ação.

Em meio a esses princípios, os seminários e conferências desenvolvidos de forma constante pelo SESC revelam ao público diferentes contribuições e propostas, como é o caso do talento intelectual de Mauro Maldonato. Sua percepção e afirmação humanista, já expressas no Brasil em outros eventos promovidos pelo SESC, rendem cada vez mais respeito e consideração entre nós, bem como o aumento do interesse por suas idéias singulares.

Os ensaios que compõem esta obra dialogam com as formas históricas pelas quais constituímos o pensamento e tecemos a objetividade e a subjetividade, enquanto sujeitos do mundo. Além disso, o livro busca acolher o leitor que se propõe a indagar sobre os motivos de centralidade da ciência, do método e do exílio da arte e da filosofia, dos limites científicos da razão, questões próprias e fundamentais ao entendimento de nossa presente modernidade.

Nesse sentido, esperamos que a nova parceria do SESC São Paulo com a Editora 34 permita a difusão, em língua portuguesa, das investidas inquietas desse filósofo em relação à racionalidade e aos limites da norma tecnológica contemporânea, imprescindíveis na configuração dos saberes e nas transformações das quais dependem os novos posicionamentos éticos.

Danilo Santos de Miranda
Diretor Regional - SESC SP

Introdução

Escrever sem achar-se o sol, como um Amon Rá que julga os vivos e os mortos. Isso é realmente possível? Mauro Maldonato tenta essa empreitada em *Raízes errantes*, diário poético-reflexivo de viagens por entre idéias, paixões, pesquisas, cujas passagens desde logo revelam os traços intelectuais de um estudioso temperado ao fogo de uma longa experiência clínica (o autor é um psiquiatra de orientação fenomenológica) e de uma paixão aguçada pela insatisfação com todo fechamento e rigidez do pensamento. Acredito que nos tornamos intelectuais quando enfrentamos problemas humanos, morais, filosóficos, sociais, de forma não especializada; à diferença de escreventes/escritores que, parafraseando Barthes, escrevem pela escrita e pelas idéias. Este livro nasce de idéias que nasceram de outras idéias, de pensamentos que nasceram de outros pensamentos. Idéias e pensamentos que, no entanto, desatam as raízes a que pertencem na origem, sem recuar para aquela fraternidade abstrata, exposta e arriscada que chamamos exegese. As travessias e os trânsitos do que Maldonato define como "caminho do pensamento e pensamento do caminho" não padecem pré-juízo de permanecer entre as alentadoras fronteiras do que ele aprendeu e conheceu. O autor, com efeito, deixa para trás os próprios âmbitos disciplinares para se expor a idéias e pensamentos que pensam contra si próprios, que objetam a si próprios. Seu movimento — que não hesitaria em definir errático — não tem um sentido progressivo (como se houvesse uma meta a ser alcançada), mas se cumpre ao assumir plenamente o erro. Aliás, transformando o próprio erro em meta.

Ele se aplica a tudo isso sem os tons de uma nova retórica da verdade. Ao contrário, testemunhando a própria fidelidade para com o diálogo, a conversação consigo próprio, o corpo-a-corpo com outros autores, textos, homens; costeando paradigmas perdidos (mas não saudosos) numa busca sem meta preestabelecida, sem fim, mas nunca fim em si mesma. Suspenso entre o fascínio da descoberta e o chamado das grandes tradições culturais, Maldonato se move como um "explorador do desconhecido". Em sua busca inquieta há um quê do meu método. Não pelas afinidades de linguagem, que decorrem da sensibilidade latina e mediterrânea que compartilhamos (às quais, de resto, as naturais diferenças de percurso cultural, de experiência intelectual e de âmbitos de pesquisa servem de contraponto); mas pela propensão a crer que, quanto mais evidentes forem as diferenças num diálogo, mais elas constituem — como ele mesmo escreve — a premissa para "uma inversão da dependência e da heteronomia em absoluta autonomia".

Raízes errantes é um livro que fala de estrangeiros e viandantes, de música e poesia, de radicais incertezas e interrogações igualmente radicais, de identidades em movimento, de aberturas para horizontes humanos que não evitam a vertigem do *rosto do outro*; e, ainda, de figuras de fronteira, de epistemologias em confronto, e assim por diante. Suas páginas são cenas fenomenológicas de movimentos da sombra que somos à luz que aspiramos ser: movimentos a meia-voz que, antes de mais nada, são um encontro com os outros, um estabelecimento de relações, uma produção de sentido, um retorno à condição de agir. Como na *balada filosófica* que abre o livro — "O estrangeiro" —, em que, de impensadas distâncias, somos chamados a responder. Mas responder ao estrangeiro que nos dirige a palavra não significa desvelar sua identidade, devolver-lhe um rosto. Tampouco fazer com que ele se volte, deixando de nos dar as costas para se conceder plenamente a nosso olhar. Ao contrário: responder significa continuar a vê-lo de costas, aceitando a obliqüidade de sua presença, sem que seja possível identificá-la.

Ele é uma presença fugidia, que não está fora mas dentro de nós, e nos exorta a aproximarmo-nos de nós mesmos, a abandonar qualquer pretensão de plenitude. Mas responder também é a passagem em direção a uma responsabilidade radical. O outro não só resiste à inclusão no Mesmo (como nos lembrara Lévinas), mas indica, antes, a cegueira e o risco dessa pretensão. Embora por um percurso divergente, estamos no caminho do *eu*-estrangeiro.

Raízes errantes também é um livro impregnado de ressonâncias poéticas. Na imagem que abre o livro, o autor diz: "Quando o olhar se despede da paisagem e as noites expandem a alma, no ponto exato do horizonte onde o deserto encontra o mar, pode-se ouvir o eco de trânsitos nômades, fantásticas projeções de um movimento que apaga o centro, a segurança, a proteção, o poder. Nas ilimitadas extensões do deserto, na instabilidade do mar ou na tortuosa trilha que leva à montanha (mas outras imagens poderiam nos socorrer), esses homens — que se tornaram existências na viagem — sentiram a impossibilidade de dizer o limite, o engano da inocência, a tortuosidade do sentimento, o 'antes' de uma *liberdade difícil*, o tempo sem espera ou nostalgia".

Creio ser o pensamento uma arte que tem de inventar, a cada vez, um conceito próprio sobre si, uma arte que põe em movimento todas as atividades da mente/cérebro. Por isso concordo plenamente com Szent-Gyorg quando afirmava que "a descoberta consiste em ver o que todos viram e em pensar o que ninguém pensou". Há alguns anos escrevi que é necessário o esforço de "ver o que, numa percepção normal, permanece invisível e transformar a visão de um fenômeno evidente em visão de um fenômeno surpreendente. Assim, o jovem Newton vê na queda de uma maçã não só a queda de uma maçã, mas também o movimento que atrai os corpos em direção à terra. Para ver desse modo o que todos viam sem ver, lhe foi necessário um novo ponto de vista, que tornou menos banal sua percepção, e isso pressupõe que ele tenha se interrogado e tenha começado a pensar o que ninguém ainda havia pensado".

Quando Newton, na queda da maçã, colheu uma manifestação particular da gravitação universal, já havia tomado forma nele o novo conceito que lhe fará ver aquilo que todos haviam visto de modo diferente. "Ver o que todos viram" exige, de fato, pensamentos que ninguém pensou. O que quero dizer é que, à diferença do conceito clássico, temos de imaginar a percepção não já como a objetivação integrada de uma sensação, mas como o aflorar ao pensamento de tudo aquilo que nela havia permanecido invisível, embora "visto". Trata-se, então, de um processo nada evidente e, no entanto, criativo a ponto de determinar um novo olhar, uma nova evidência natural. Nesse sentido, é possível afirmar que toda descoberta é uma conquista cognitiva que implica invenção e criação.

Quando o pensamento está diante de problemas que tenta resolver, se depara com rompimentos, bloqueios, fica exposto a turbulências e tormentos, arrisca-se a regressões ou delírios. A imaginação corre o risco da ilusão, e a criação pode gerar monstros. É sempre dificultoso o pensamento conseguir desdobrar complexidades dialógicas e capacidades criadoras. Talvez possamos imaginar o pensamento criativo como um pensamento viandante. Creio ser a isso que Maldonato tenciona referir-se quando fala de um pensamento a caminho de uma ciência viva, que recusa o cientificismo. "A racionalidade designada por Morin", escreve ele, "em suas diversas declinações, é uma racionalidade consciente da própria incompletude, disponível ao diálogo com o 'não racionalizável', ao confronto com a complexidade: o que nada mais é que se debruçar sobre tudo o que é incerto e sem fundamentos, sobre o que se subtrai à racionalização".

Esses êxitos e esses compartilhamentos, decorrentes de sua história pessoal e de sua formação, se tornam extremamente claros numa passagem-chave de sua evolução intelectual, quando, tendo se despedido definitivamente da "suposta idéia da unidade da ciência", e após constatar a implausibilidade de "uma 'síntese' mítica de todos os conhecimentos humanos", ele compreende plenamente quanto é importante "manter-se a distância das derivas das divisões estanques do saber".

Sua formação, de nítida raiz mediterrânea, traz de volta à minha mente muitas passagens e paisagens de minha existência. Pelas margens mediterrâneas, ele escreve: "Ali, onde o arrebatamento da luz exalta a inclinação contemplativa, aprendi a desconfiar do reflexo encantado das idéias; a resistir ao culto da harmonia que pretende substituir a vida por gestos intelectuais; a não me deixar enredar pela tragicidade solar de uma luz que conspira contra a sombra, até cegar quem a ela dirigir o olhar. Naquelas margens, diante do *Aberto* daqueles lugares destinados à felicidade — onde a verdade parece inseparável da felicidade —, surge o sentido e a busca do *limite* e, com eles, a possibilidade da *medida*. Eis que o Mediterrâneo é, antes de tudo, escola do *limite*. Mas o Mediterrâneo e sua navegação são também origem e metáfora da *philo-sophía*". Oportunamente, o autor lembra Kafka, quando este dizia que as coisas do mundo nunca se apresentam desde as suas raízes, mas de um ponto qualquer situado lá pelo seu meio.

As referências literárias e musicais presentes na trama ideal e emotiva do livro (Montale, Leopardi, Proust, Schubert, Wagner) apontam viagens sem meta, paisagens da alma, fascinações amanhecentes, enigmas e segredos não revelados, que o autor faz viver numa esfera estética própria. Pensemos em "Forse un mattino andando", esplêndido poema de Eugenio Montale que expressa o desconcertante assombro da passagem do sentido habitual ao não-sentido, "quando as iterações dos gestos diários se transmutam na inopinada paisagem do nada" e o costumeiro engano da realidade nos acompanha à beira da insensatez ou, talvez, da transcendência, ao limiar do nada. Ou então na imagem do *Wanderer* nos *Lieder*, que, na música romântica alemã, mostra o segredo (justamente, do viandante) dos que não se voltam para trás, dos que não têm nem destino nem morada, dos que partem sem voltar, do estranho, do diferente, do excluído, do *xénos*.

É como se essa imagem da grande lírica musical encontrasse simetrias perfeitas numa epistemologia desassossegada e errática, tanto mais científico-veritativa quanto mais alheia às pretensões de um *eu* desejoso de vitória; uma epistemologia que não se deixa tentar pela renúncia, pela inércia, pela fixidez do *olhar de Medusa* do cientificismo, mas que, ao contrário, trava uma incansável batalha contra si própria; uma epistemologia, enfim, que também é aprender a calar-se: um calar-se que nunca se transforma em contemplação condescendente de si próprio e do mundo.

Assim, o tema do viandante — tema que possui o fascínio poético do in-definido e o metafísico do in-finito — revive em toda sua pureza essencial na lírica verbal de Giacomo Leopardi, que "havia dado voz", escreve o autor, "com a música do pensamento puro, à dissonância vertiginosa entre a experiência ordinária do espaço e do tempo, e a do espaço e do tempo infinitos. Sua solidão sideral nos convida por entre espaços ilimitados, durações imotas, horizontes imensos, a assistir ao espetáculo clamoroso do nada, à beleza desolada de um espaço onde nem sequer o nada pode acontecer. A mente naufraga em meio a silêncios cósmicos, respirações da terra, mistérios remotos do vento, imutáveis ciclos do tempo, movimentos da lua sussurrando sua ascese com o silêncio, fiel a si mesma, como uma palavra para além do mundo, um eco distante, mal perceptível. Também errante caminheiro, ele sabe que nenhuma filosofia pode orientar o caminho".

Da estática visão leopardiana do infinito, o autor chega à dissolução da unidade do *eu* na poesia de Fernando Pessoa, o grande português cuja figura atravessa de modo recorrente este livro: "Quando falo com sinceridade não sei com que sinceridade falo. Sou variamente outro do que um eu que não sei se existe (se é esses outros). Sinto crenças que não tenho. [...] Sinto-me múltiplo. Sou como um quarto com inúmeros espelhos fantásticos que torcem para reflexões falsas uma única anterior realidade que não está em nenhuma e está em todas. [...] eu sinto-me vários seres. Sinto-me viver vidas alheias, em mim, incompletamente, como se o meu ser participasse de todos os homens, incompletamente de cada, por uma suma de não-eus sintetizados num eu postiço". E ainda Pessoa, com espanto poético:

> *Multipliquei-me para me sentir,*
> *Para me sentir, precisei sentir tudo,*
> *Transbordei, não fiz senão extravasar-me,*
> *Despi-me, entreguei-me,*
> *E há em cada canto da minha alma um altar a um*
>   [*deus diferente.*

A traçar a linha emotiva e conceitual do livro, encontramos diferentes "figuras de fronteira". Como Maldonato disse em outra ocasião, "a fenomenologia ensina que o limite é um espaço *no* mundo que não é *do* mundo. Que, entre os espaços de nossa vida, existe o espaço de nossas paixões, de nossos desejos, de nossos sonhos. Espaço que nos con-voca para fora de nós mesmos. Espaço dentro do qual nosso tempo se desdobra e se consome". Essa fenomenologia, ao abandonar as secretas solidariedades com o idealismo, se torna, ela própria, epistemologia, como demonstra o intenso diálogo sobre "fenomenologia e complexidade", rastro de uma subversão que quebra a ilusão da verdade unitária como drama conceitual do "moderno". Heráclito dizia que "limites de alma não os encontrarias, todo o caminho percorrendo; tão profundo logos ela tem". Consciente de tudo isso, o autor colhe o quanto é ilusória qualquer tentativa de compreender o mundo através dos instrumentos de uma racionalidade que observa, cataloga, exclui e, sobretudo, pretende descrever o mundo sem tomar parte nele, e sem dizer nada de si mesma.

Outra tese crucial do livro é a que, na ruptura do antigo vínculo com a *episteme*, encontra a causa da incerteza da ciência contemporânea, com o que só posso concordar. Uma epistemologia atenta não deve edificar ou validar estatutos lógico-prescritivos, mas convidar a deixar plena liberdade de movimento à ciência, sem que a ela se atribua maior autoridade do que a outras formas de conhecimento. Nesse sentido, considero fundamentado afirmar que a contribuição mais relevante do saber do século XX foi seu esforço para conhecer os limites do conhecimento. A maior certeza que ele nos deu é a da impossibilidade de eliminarmos as incertezas. O único ponto praticamente certo é o de interrogação. Uma das principais conseqüências dessas duas aparentes derrotas (na realidade, verdadeiras conquistas da mente humana) foi que elas nos colocaram em condições de olhar (e por vezes enfrentar) as incertezas e o destino precário de todo indivíduo e da humanidade toda. Recordo Eurípides (*Medéia*), que escrevia:

> *Os deuses criam para nós tantas surpresas:*
> *o esperado não se cumpre, e, ao inesperado, um deus*
> *[abre caminho.*

Dissolvendo todo princípio determinista, as revoluções científicas transformaram profundamente nossa concepção de mundo. Inverteram sua ordem interna, a imagem da perfeição divina, para dar espaço a uma relação dialógica, complementar e antagonística, entre ordem e desordem. Ademais, desnudaram os limites axiomáticos da lógica clássica, reduzindo a esfera do calculável e do mensurável a simples província do incalculável e do ilimitado, até tornarem a questionar a própria idéia de racionalidade científica, como expressam com clareza as pesquisas de Bachelard, Piaget, Popper, Lakatos, Kuhn, Feyerabend. Ocorre-me aqui Wittgenstein, quando, em *Notas sobre o Ramo de Ouro de Frazer*, escrevia:

> É preciso partir do erro e convencê-lo da verdade. Ou seja, é necessário descobrir a fonte do erro; caso contrário, de nada adianta ouvir a verdade. Ela só pode penetrar se alguma outra coisa ocupar seu lugar. Para convencer alguém da verdade, não basta constatar a verdade, é preciso encontrar o *caminho* do erro à verdade.

Dito de outro modo, isso significa que nosso problema principal é reconhecer plenamente que aprendemos (e compreendemos) que tudo o que existe nasceu do caos e da turbulência, resistindo a poderosas forças destruidoras; que o cosmo se organizou desintegrando-se; que a história do Universo é uma gigantesca aventura criadora e destruidora, marcada desde o início pelo aniquilamento quase total da antimatéria pela matéria, cujo ritmo é assinalado pela combustão e depois pela autodestruição de inúmeros sóis, pelo choque de estrelas e de galáxias; enfim, que uma das transformações marginais de tal aventura é dada pelo aparecimento da vida no terceiro planeta de um pequeno sol de periferia.

Ainda não nos apropriamos da mensagem de Eurípides: *esperar o inesperado*. O final do século XX foi, no entanto, propício para a compreensão da irremediável incerteza da história humana. Os séculos anteriores sempre acreditaram num futuro repetitivo ou progressivo. O século XX descobriu a perda do futuro, ou seja, sua imprevisibilidade. Essa conscientização deve ser acompanhada de outra, retroativa e correlata, segundo a qual a história humana foi e continua sendo uma aventura desconhecida. Uma grande conquista da inteligência será poder ver-se livre da ilusão de predizer o destino humano. O porvir permanece aberto e imprevisível. Não estou negando que existam "determinações" econômicas, sociológicas ou de algum outro tipo no curso da história, mas elas estão em relação instável e incerta com inúmeras ocorrências e eventos que desviam e desencaminham seu curso.

Se as civilizações tradicionais viviam na certeza de um tempo cíclico (ao qual, para seu bom funcionamento, era preciso às vezes sacrificar também os homens), a civilização moderna viveu na certeza do progresso histórico. Hoje temos plena consciência de que a idolatria do progresso deixou, como as cinzas após o fogo, uma formidável consciência da incerteza histórica. Naturalmente não estou afirmando que o progresso é impossível, mas apenas que é incerto. À incerteza do futuro, ademais, somam-se todas as incertezas que se devem à velocidade e à aceleração dos processos complexos e aleatórios de nossa era planetária, que nem a mente humana, nem um supercomputador, nem nenhum demônio de Laplace saberão algum dia compreender. A ciência deve ser guiada por uma razão que saiba reconhecer a complexidade das relações sujeito-objeto, ordem-desordem; que saiba pensar em oposição relativa (e em complementaridade) termos que parecem antinômicos como inteligência e afetividade, razão e instinto. Ao longo dessas paisagens, meu pensamento migrou sem cessar. De terra em terra. De mar em mar.

Ocorre-me Dylan Thomas quando escrevia:

> *Nenhuma onda pode pentear o mar*
> *E canalizar-se em sólida trilha*
> *Eis a idéia que chega*
> *Como um pássaro em sua leveza,*
> *Nas velas de tênues navios*
> *Brancos da água levantada.*

Como numa sinfonia, meu pensamento se descompôs e recompôs, dando vida, no conhecimento complexo, a tramas de pensamento inéditas, onde singular e múltiplo tornam a reunir-se. "Procurei procurando", como está escrito no *Talmud*. E se o método científico transformou o caminho do conhecimento em procedimentos frios, tentei entreabrir outro horizonte: o de uma verdade dialógica constantemente a caminho. Como dizia Montaigne, a alteridade ininterrupta no seio da identidade produziu a identidade cultural. Essa pluralidade, esse olhar, esse método, tornei a encontrá-los encerrados no coração deste livro.

Edgar Morin
fevereiro de 2004

RAÍZES ERRANTES

1

Quem diria ainda, desta île, *que ela é uma ilha, e deste* Il, *que ele é um pensamento?*
Quem diria — repetindo-se — que Il *e* Île *são um único pensamento no seio do vazio onde ela persiste; por vezes, paralisada, em seu desejo — mas é o espaço que, a seu redor, se anima —; por vezes ébria de errância — mas num universo imóvel.*
O que pára, foge. E nunca recusa:
nem a espera, nem a aventura;
nem ser duplo,
nem ser solidão do duplo
e multidão de solidões.

(... um mesmo pensamento, um único ser, e todavia dividido: uma parte devotada à errância — a melhor? a pior? —; uma parte prometida à pedra.
Sem qualquer esperança.)

E diz mais — sem se entregar. Um pensamento tão dividido que no ponto mais frágil de sua precariedade deixa de ser duplo.
Nada mais dizendo do que sua negação.

(Um dia a ilha pôs-se a viajar. Para o amado, por ela mesma, ela tornou-se a viagem.
No infinito que os separa e, ao mesmo tempo, os une.)

*... esta alvura de si, de um outro si mesmo, ainda mais
branco onde ela se inscreve.
Palavras extremas.
O espaço, ah! O espaço inviolável.*

*Quem, cego e, também, espantado, a chamaria separação
se ela é universo preservado em sua plenitude?*

(Partes inseparáveis — momentos — de um corpo
indivisível no desejo insaciado que a união rompe.
Toda distância vencida; e no entanto sempre a ser
percorrida?)

*Ali onde a dor está sozinha e o amor, suas próprias asas
queimadas.
Dizendo a imemorial espera; em vão perpetuando-a
onde nada mais há que gritos interiores.*

2

E esta Ilha *no mais remoto exílio onde a onda nada mais é
que amplo ruído indócil, palavras ébrias,
sem objeto, que se chocam contra
as letras mortas.
Poeira de sal.
Mais desertos à vista.*

*Redonda é a terra de tanto girar sobre si mesma.
O vazio que a moldou a queria assim.
A redondeza é fruto da paciência. Todo
traço cedendo à curva.
Belo arco-íris!*

*Sempre seremos este salto e esta queda
onde o nome se abre ao nome que o habita;
onde a cor se abre à cor e se consome?
O vazio é mais vazio após o incêndio.*

*E depois essa errância que sempre se renova.
E essa necessidade urgente, patética, de morrer disso.*

3

*Um ponto que brilha no horizonte. Sabe-se que é o cúmulo
no coração das nuvens?*

(Como o olhar, semelhante ao farol que varre o oceano
com sua luz, depois de ter abraçado o universo, se
fixa em seu segredo.)

*Fingida liberdade! O errante, por depender da estrada,
só testemunha suas correntes.
Desta solidão que fala a si mesma para alcançar
a solidão do outro,
a palavra é passagem e âncora.
Bastaria um momento de distração para
afogar os cinco continentes.
O mar não tem remorsos.*

*O dilema e a espiga. O campo nada mais é que solo
mortificado por inúmeros nascimentos.
Uma viagem, eu lhes digo, uma eterna viagem ao desconhecido
e à morte.*

*A alma é mais vasta que o mundo.
Nós somos essa dilaceração.*

4

(Aqui começa a carta anunciada, prometida.
O que é para desvelar, para comunicar, o escreverei, o transmitirei?
Página intacta
sobre a qual nos debruçamos:
sempre a mesma.)

Edmond Jabès, Carta a M. C.

Prelúdio

Um livro acontece quase fatalmente. Por mais que tentemos, nunca conseguiremos fixar o instante em que as vozes e os pensamentos anotados na margem da página vão se compor naquele perfeito mistério que chamamos livro. Como, aliás, nunca saberemos o que dá força e fulgor à escrita. Mas pouco importa! Nasça da alegria ou do sofrimento, todo livro se revela quando o pensamento, rompendo suas monótonas regularidades, torna a pôr em jogo nossa relação (óbvia) com as palavras, mostrando versões e diversões de um caminho nada linear.

Pressuposto pelos que o precederam, este livro representa uma nova estação de meu meditar. Mas, embora ele guarde memória do que escrevi no passado, nele circula uma nova esperança do dizer. Como se, à minha revelia, um texto tivesse continuado a viver e a trabalhar em mim, sutilmente e sem trégua, dando forma a um entrelaçamento des-atrelado em que cada palavra pronunciada, solicitada por uma exigência irracional, estabelece relações de co-implicação difíceis de serem imaginadas.

Minha tendência é crer que quem quer que se ponha à prova com a escritura carrega em si um texto imenso, que oculta e guarda as passagens secretas e labirínticas da alma, as quais alcançam a consciência aos poucos, revelando-se e transcrevendo-se. A coragem intelectual consiste em manter intacta a nascente pureza desse conhecimento-manancial, de nossas intuições felizes, assim como de nossas culpas e erros. Nesse sentido, toda criação exige uma conversão.

Nesta viagem procurei expor (e extenuar) meu conhecimento a uma crítica implacável, para emendá-lo tanto de suas fobias como de suas filias. Como Bachelard nos mostrou, ao lado de todo pensamento vacila uma noite futura que nos impede até mesmo de vê-lo e percebê-lo. Dessa noite, tentei arrancar alguns segredos, aproximando-me de seus mistérios, acompanhando territórios indesignáveis e sem referências, anotando os momentos essenciais em notas provisórias que, talvez, nunca cheguem a estar completas. No pensamento e na escrita (como, aliás, na vida) não há uma conclusão a alcançar: só um "estar a caminho" por veredas tortuosas, por novas e inesperadas curvas, num itinerário cuja distância é impossível medir, pois é de ordem temporal, mais do que espacial.

Aceitando o convite a reunir esses pensamentos na forma de um livro, sabia que estava me arriscando por uma difícil aventura. A experiência do livro é uma experiência de todas as vicissitudes da linguagem, das vozes e de suas fronteiras. Nessa frágil atribuição, a escrita, mais que experiência da metamorfose ou consciência da dor, torna-se nó, essência do meditar, mapa de sua própria odisséia.

Assim, com um gesto familiar à fenomenologia, tentei me libertar do que dificulta a consciência, deixando as coisas acontecerem, num movimento do receber e do doar que é puro perder-se no aberto das próprias profundezas, para que múltiplas vozes pudessem ecoar em mim e prestar ouvido umas às outras.

Encontrar-se diante de si mesmo, da própria responsabilidade, da própria escritura, significa arriscar-se em direção àquelas "extremidades da consciência" em que a identidade convencional se decompõe em miríades de partículas e se recompõe na resolução existencial e moral de um novo nascimento. Por este caminho, a biografia deixou de corresponder a mim, e o pensamento parou de ditar suas regras à vida. Wittgenstein dizia: "Poderíamos entrar numa nova, pressagiosa relação com toda a existência se começássemos a pensar com o coração". É isso, *pensar com o coração*. Parece-me essa a viagem a ser empreendida; sem dúvida a mais difícil.

Ainda antes de ser escrito, um livro é habitado por muitas pessoas e muitas vozes. Embora saiba bem quanto é desproporcional e talvez impossível comedir frases ao reconhecimento para com todos aqueles que (por diversos motivos e, não raro, indiretamente) me acompanharam por este caminho, a essas pessoas quero dar testemunho de minha gratidão.

Um agradecimento especial a Danilo Santos de Miranda — diretor de uma instituição prestigiosa como o SESC de São Paulo —, cuja generosidade, paixão e inteligência do coração permitiram-me conceber com liberdade partes consistentes deste livro. A Dante Silvestre Neto, que conhece as palavras essenciais da amizade. E também a Joel Niemayer Padula, Erivelto Busto Garcia, Mario Daminelli, Ivan Paulo Giannini, Liliana de Fiore, Ana Maria Cardachevski e a todos os que manifestaram hospitalidade incondicional por ocasião de minhas conferências no SESC de São Paulo. A Nurimar Maria Falci, que coordenou com cuidado e paciência as diversas fases do projeto e da realização deste livro.

Meu muito obrigado, de coração, a Edgar Morin, que me mostrou que a verdade não tem princípio nem fim. A Fausto Rossano, que de arriscadas distâncias me atraiu para a órbita de um profundo compartilhar. A Bruno Callieri, que me ensinou a sentir-me um eterno estreante. A Roberta Barni, que, mais uma vez, soube preparar o porvir de minhas palavras e aliviar a desilusão gerada pela escritura. A Andrea Sparaco, que transfigurou o limite dos pensamentos, em muitos aspectos irrepresentável, em sensibilíssimas imagens.

A Edgard de Assis Carvalho e Maria Margarida Cavalcanti Limena, pela possibilidade de pesquisa e de ensino que me ofereceram na Pontifícia Universidade Católica de São Paulo. A Antonio José Romera Valverde e Ulisses Capozzoli, pela amizade e a doação de si sem nada pedir em troca. A Roberto Tykanori Kinoshita, pela fecunda colaboração no Departamento de Saúde

Mental de São Paulo. A Alfonso Montuori, pela extraordinária abertura à colaboração científica na Universidade de São Francisco. A Lia Diskin, pelos seminários que pude realizar na Associação Palas Athena de São Paulo. A Humberto Mariotti e Cristina Zahuy, pelos diálogos que multiplicaram as trilhas de minha pesquisa e permitiram que meus pensamentos se reunissem de outro modo. A Nelly Novaes Coelho, pelas belíssimas conversas sobre literatura e vida.

E, ainda, a Pietro Barcellona, Manoel Tosta Berlinck, Paolo Broccoli, Massimo Cacciari, Patrizia Calefato, Antonio Cardellicchio, Francesco Cormino, Flavio Ermini, Alfredo Gutiérrez Gómez, Enrique Manuel Luengo Gonzales, Federico Leoni, Giuseppe Mininni, Flavia Monceri, Manuel da Costa Pinto, Antonella Radogna, Tania Rösing, Maria Teresa Zonzi, pelos diálogos essenciais que abriram caminho para outras interrogações.

O estrangeiro

> Ao mito de Ulisses que regressa a Ítaca, gostaríamos de opor a história de Abraão que deixa para sempre a pátria por uma terra ainda desconhecida.
>
> *Emmanuel Lévinas*

> Deixei uma terra que não era a minha
> por uma outra que, tampouco, me pertence.
> Refugiei-me num vocábulo de tinta, que tem
> o livro por espaço,
> palavra de lugar nenhum, palavra obscura do deserto.
> Não me cobri, à noite.
> Não me protegi do sol.
> Andei nu.
> De onde eu vinha, já não tinha sentido.
> Para onde ia, não havia quem se importasse.
> Vento, digo-lhes, vento,
> E um pouco de areia, no vento.
>
> *Edmond Jabès*

> — O que é a palavra?
> — É um vento que passa.
> — Quem pode acorrentá-la?
>
> *al-Kalkhaschiandi*

Nunca soube onde me encontrava. Quando estava no Egito, estava na França. Desde que estou na França, estou em algum outro lugar... O estrangeiro já não sabe qual é o lugar.

Talvez ninguém tenha interrogado a figura do estrangeiro mais radicalmente do que Edmond Jabès. Sua experiência literária, sua própria existência, são movimentos em torno de uma única pergunta: "O que é um estrangeiro?". Pergunta para a qual permanecer pergunta não é natural (e, no entanto, irremediavelmente destinada a permanecer pergunta), cifra de um incomensurável *não-pertencer*, de um impossível *sentir-se em casa*, de um incorrigível *estar em algum outro lugar*.

É no limiar desse mistério que Jabès nos convidou a demorar. O mesmo mistério que o chamava entre as dunas do deserto no Egito, em noites de insuportável profundeza, noites indecifráveis, manhãs puríssimas, em busca de uma origem que ressoa nos ecos infinitos da memória, no incessante convite de retorno a seu êxodo.

Mas o que acontece se tentamos subverter a questão "O que é o estrangeiro?" em "Quem é o estrangeiro?". Um gesto, na aparência, sem nenhuma conseqüência, e no entanto arriscado, paradoxal, escandaloso. Um simples, breve deslocamento semântico e a estabilidade que acreditávamos ter conquistado — no movimento "progressivo" rumo à profundidade (como remédio para o *sair de si*) — resvala em espaço alusivo, incerto, desnorteado: uma *regio ignota* onde a estabilidade da presença se transfigura na ausência de toda estabilidade. Estar *mareado em terra firme*. Receávamos acontecesse. Talvez por isso tenhamos hesitado tanto em pensar o outro. Agora, porém, somos chamados a responder. *Para* o outro. *Sobre* o outro. *Pelo* outro.

Mas, está claro o bastante quem é o *outro* de quem falo? Qual o seu rosto? Qual a sua linguagem? E quem pode me questionar? Da sombra que guardara toda pergunta, uma figura de traços familiares vai tomando forma. Parece ser meu semelhante: abundância de vida íntima, intensas estações do espírito, propensão à violenta paz dos ventos, desvelo pela nulidade das coisas do mundo. No entanto, não sou eu. Como poderia ser eu, sem ser meu? E como posso dizer *dele*, sem deixar-me dizer *por* ele? Vem de longe. Sim, mas... *longe de onde?* Estrangeiro diante de estrangeiro. Irredutivelmente separados e inseparavelmente unidos.

Difícil um encontro que se entrega a uma separação, à intangibilidade de nomes e signos, ao xeque que as palavras padecem ao sobreviver ao silêncio e ao vazio que elas deixam ao desaparecer, como o fogo as cinzas.

Permaneceríamos imóveis, num assombro de vidro, numa fixidez sem olhar, se não acolhêssemos o convite à viagem que até agora deixamos de ouvir, por uma desesperada fidelidade à terra, a uma língua que nasceu ao redor de um antiqüíssimo vulcão, língua que culpa a si própria por um insaciável poder de sedução.

O estrangeiro tem de deixar a terra dos pais, a casa, a memória. Se mesmo a mais tênue raiz o detivesse — um estremecimento de saudade que fosse —, tornaria a cair no antigo vício da identidade que se espelha em si mesma. Migra, o estrangeiro. E ao migrar desmancha qualquer vínculo com a saudade e a tradição que se renova na interpretação, na exegese. Seus adeuses não deixam rastro ou memória. Nenhuma memória tem respostas. Pois nenhuma resposta pode se dar, a não ser no olvido: o olvido que se torna ausência; a ausência que para dizer de si não necessita de raízes; raízes que o êxodo da língua materna e da ilusão de que uma palavra possa des-velar (e não apenas revelar) transforma em pura errância. Eis por que é im-possível perguntar, e esperar.

Na medida em que é interrogação, portanto, nenhuma palavra pode responder a outra. No máximo, elas podem desejar-se, na arriscada e aventureira distância que as *divide* e as *une*: um intervalo imperceptível, uma exígua faixa de terra. Palavras nômades, então. Solitárias. Interditas. Consternadas. Como toda frase. Toda página. Todo livro. Todo pensamento. Toda voz que convoca uma nova voz, à espera de que uma outra ainda se revele.

Em sua insatisfeita interrogação, o estrangeiro não pode se entregar a filosofias, a visões alentadoras, à emotividade de ligações duradouras, a moradas estáveis. Difícil fidelidade, a sua. Atravessa países do amanhã, terras que conheceu em sonho. O seu é movimento puro, que escapa sem subtrair-se. É interrogação que não busca respostas. A única resposta à altura de suas perguntas é o silêncio. O silêncio que faz regressar à pátria do deserto. Um silêncio que dá lugar ao lugar e devolve a palavra a sua promessa, deixando ao outro as chaves para libertar a palavra de seu isolamento. Um silêncio que o discurso assedia, cerca, e que por vezes a poesia descobre, mas que, incansavelmente, nos gestos da palavra e da escrita, se subtrai ao desvelamento. Um silêncio que é terra de escuta. Um silêncio que repatria no deserto.

No deserto, onde o silêncio se alimenta de seus próprios ecos, das ressonâncias reunidas no coração da ausência, nenhuma morada pode ser medida pelo fundamento, mas pela inapreensível errância do pensamento. Aqui, onde toda migração acontece, toda identidade se dispersa, todo signo nada mais é que signo, e a palavra é um eco para além do mundo, um movimento que traça o sentido exato e inalcançável de um horizonte, que transforma figuras impossíveis em visões.

Quando o olhar se despede da paisagem e as noites expandem a alma, no ponto exato do horizonte onde o deserto encontra o mar, pode-se ouvir o eco de trânsitos nômades, fantásticas projeções de um movimento que apaga o centro, a segurança, a proteção, o poder. Nas ilimitadas extensões do deserto, na instabilidade do mar ou na trilha tortuosa que leva à montanha (mas outras imagens poderiam nos socorrer), esses homens — que se tornaram existências na viagem — sentiram a impossibilidade de dizer o limite, o engano da inocência, a tortuosidade do sentimento, o "antes" de uma *liberdade difícil*, o tempo sem espera ou nostalgia.

Mas para onde leva essa libertação de todo vínculo? E o que é essa voz que convida à viagem rumo a uma "terra estrangeira"? Que lei vigora naquela terra desconhecida? Aquela ordem, que o movimento assume ao dar forma ao espaço, a todo o espaço representável (e que, todavia, não é o único espaço); aquele limite infigurável de areia que o nada enfrenta e consome, que chama tão a *fundo* a ponto de tornar impensável a escrita como uma identidade que se espelha em si própria; é isso, isso tudo é o deserto. Não o deserto atravessado pela exegese, mas o que cumpre a história da exegese no rastro da mais autêntica descendência de Abraão: a descendência da migração.

Rumo ao deserto, portanto. Rumo ao *Aberto* onde Abraão tornou a dar luz à Palavra, até então dissimulada na areia e sepultada pelos homens. Nunca, antes dele, homem algum ousara dirigir a palavra a Deus. Dispersa no silêncio do mundo ou remetida ao céu pelo homem, a Palavra era de Deus. O desafio de Abraão — que conhece o próprio destino ("... Meu Senhor, eu que sou pó e cinzas") — devolve ao horizonte físico o poder metafísico da palavra. Deus, quase a tivesse esperado desde sempre, recolhe-se num silêncio impensável, numa espera para além da história. Uma liberdade insustentável se derrama no mundo: liberdade que os homens tentaram esquecer, incapazes de agüentar o vazio que a palavra enfrenta para se tornar *Vulto*.

É isso, o vulto. O vulto do *Outro*. O estrangeiro que me remete à minha estranheza, solicitando que me torne eu próprio, faz de mim um estrangeiro. Estamos aqui para dizer do mistério e da graça, da violência e da esperança, da culpa e da coragem de um encontro; para dizer da morte e da vida, da paisagem que as guarda no coração do silêncio. Rostos de um *face a face* que possibilitam o que pareciam ameaçar. Essa relação consigo próprio no outro, este *estarmos juntos* como separação, esse por-vir que não acalenta esperanças, este ad-vento que só se faz e-vento ao permanecer imprevisível: eis o verdadeiro infinito. E de onde vem meu irmão, o estrangeiro.

COMPANHEIROS DE VIAGEM

CACCIARI, M. "A Edmond Jabès: un commento". *aut aut*, nº 241, jan.-fev. 1991.

CALLIERI, B. *Quando vince l'ombra*. Ensaio introdutório de Mauro Maldonato. Roma: Edizioni Universitarie Romane, 2001.

DERRIDA, J. *La scrittura e la differenza*. Turim: Einaudi, 1982. Ed. brasileira: *A escritura e a diferença*. 3ª ed. Trad. Maria Beatriz M. N. da Silva. São Paulo: Perspectiva, 2002.

JABÈS, E. *Il libro della sovversione non sospetta*. Milão: Feltrinelli, 1994.

_____. *Il libro delle interrogazioni*. Prefácio de Massimo Cacciari. Gênova: Marietti, 1985.

LÉVINAS, E. *Totalità e infinito*. Milão: Jaca Book, 1996.

MININNI, G. *Discorsi in analisi*. Bari: Adriatica Editrice, 1988.

MORIN, E. & KERN, A. B. *Terra-Patria*. Milão: Raffaello Cortina Editore, 1994. Ed. brasileira: *Terra-pátria*. Trad. Paulo Neves. Porto Alegre: Sulina, 2002.

NEHER, A. *L'esilio della parola*. Gênova: Marietti, 1997.

PRETE, A. "Parola di sabbia". Nota a JABÈS, E. *Il libro dell'ospitalità*. Milão: Raffaello Cortina Editore, 1991.

RESTA, C. *Il luogo e le vie: geografie del pensiero in Martin Heidegger*. Milão: Franco Angeli, 1996.

ROSENZWEIG, F. *La stella della redenzione*. Gênova: Marietti, 1981.

ROVATTI, P. A. "L'io straniero e il silenzio della parola". *aut aut*, nº 241, jan.-fev. 1991.

_____. *Il declino della luce*. Gênova: Marietti, 1988.

SERRES, M. *Passaggio a Nord-Ovest*. Parma: Pratiche, 1984.

Luzes meridianas

> Tenho *eu* ainda uma meta? Um porto rumo ao qual *minha* vela corre? Um bom vento? Oh, só quem sabe *em direção* ao que está indo também sabe qual vento é bom e qual é o seu vento propício.
>
> *Friedrich Nietzsche*

> Finalmente a alma foi arrebatada, e viu que a verdade que buscava não tinha início nem fim. Mergulhada na escuridão, a alma quis se retirar daquele sujeito, mas não pôde; não podia ir mais à frente, não podia voltar para trás de si própria.
>
> *Meister Eckhart*

Para dizer do Mediterrâneo seria preciso conquistar a invisibilidade do ponto de vista. Nenhuma indiferença do olhar poderá revelar seus sublimes fascínios no limiar do erotismo, os encontros aventureiros, as solidões de abismo, os impensáveis horrores.

O Mediterrâneo é um movimento profundo e subterrâneo. Nenhuma metáfora é útil para fazermos alusão a ele, pois ele próprio é metáfora. Aqui, mais que percorrer brevemente sua história — num percurso, aliás, nem linear nem temporalmente ordenado —, traçarei algumas breves linhas de uma vicissitude histórica e cultural constelada de desvios cujo alcance é impossível medir, e que sem descanso nos obriga a voltar em direção àqueles lugares (da alma) em que estão fixados os primeiros rastros que permanecem suspensos como urgências dramáticas neste início de milênio.

Minhas meditações não recorrerão à memória, mas sim a um pensamento do coração, ao pudor da alma. Os meus sonhos, as lembranças, as reflexões nasceram naquelas orlas, nas margens da Magna Grécia, a poucos passos da *Escola Eleática*, lugar onde Parmênides, Zenão de Eléia e outros pensadores, no mais silencioso dos silêncios, davam forma a um pensamento — ou melhor, *ao* pensamento — que se tornaria o próprio destino do Ocidente. Cresci diante daquele mar. Atravessei-o em todas as direções. Respirei suas paisagens. E, no entanto, por mais que retroceda nas lembranças, não encontro nada — nenhum livro, nenhum autor — que tenha suscitado em mim a mesma maravilha, a exaltação, o espanto, a comunhão entre a alma e os lugares que senti nos meus primeiros anos de vida.

Ainda hoje, quando olho os barcos atracados à espera de ganhar o largo; as ondas que se quebram no cais; a extensão líquida na qual embarcamos e navegamos horas a fio guiados pelas estrelas; o espaço de uma orientação — a busca do próprio Oriente — que afinal é a busca do Outro e, portanto, de si próprio; o horizonte que adia constantemente a margem de nossa interrogação (ao passo que nós a seguimos, até correndo o risco de nos perder pelo puro desejo de nos perder) em direção a uma verdade constantemente a caminho, que só alcançaremos no sentido de procurá-la, ainda; enfim, quando observo tudo isso, compreendo por que o Mediterrâneo foi o cenário espiritual de meus pensamentos. Naquela paisagem, por vezes, senti, como Flaubert,

> um estado de espírito superior à vida, no qual a glória de nada valeria e até a felicidade seria inútil.

Ali, onde o arrebatamento da luz exalta a inclinação contemplativa, aprendi a desconfiar do reflexo encantado das idéias; a resistir ao culto da harmonia que pretende substituir a vida por gestos intelectuais; a não me deixar enredar pela tragicidade solar de uma luz que conspira contra a sombra, até cegar quem a ela dirigir o olhar. Naquelas margens, diante do *Aberto* daqueles lugares destinados à felicidade — onde a verdade parece inseparável da felicidade —, surge o sentido e a busca do *limite* e, com eles, a possibilidade da *medida*. Eis que o Mediterrâneo é, antes de tudo, escola do limite.

Mas o Mediterrâneo e sua navegação são também origem e metáfora da *philo-sophía*, do amor pelo conhecimento, da *téchne nautiké* do marinheiro-explorador, daquele que não tem *raiz terrena* e que tem na viagem o próprio gesto de fundação. Desarraigado e desarraigante é, portanto, o mar: mas também *caminho*, *método*, *posse* do método, do dis-curso. Por isso a filosofia, que nasceu naquele mar, não pode evitar o perigo extremo contido no desafio ao mar, que exige a mais alta *téchne*. O Mediterrâneo, espaço entre a *terra do ocaso* (o Ocidente) e a *terra do amanhecer* (o Oriente), carrega em si a idéia de que o mar, aquele mar, também é *poros*, lugar de trocas e de relações, porto: espaço no qual os homens chegam e do qual tornam a partir, passo que convida a *ser-para-ir-além*.

O Mediterrâneo é, portanto, limite de separação entre as terras, intervalo que estabelece uma distância, des-continuidade entre ser e ser, chamado para a viagem. "*Vous êtes embarqué*", dizia Pascal, numa alusão poética à *aposta* de uma reflexão que tem o mesmo destino de precariedade que o mar, metáfora *absoluta* e incorrigível da e xistência. Não por acaso, o símbolo do homem mediterrâneo é, desde sempre, Ulisses: homem de terra e de mar, de contradições e ambigüidades, de *dissoi logoi*, de astúcia e conflitos: "cavalheiro do mar" e "rei camponês", homem "ninguém" que vive em si amor e infidelidade, aventura e lar, temeridade e medo, errância e nostalgia.

A ambivalência de Odisseu, constitutiva do Mediterrâneo, é o elemento natural que Corbin define como

> angélico e diabólico, tão teológico quanto geográfico, e que, apesar da violência de suas tempestades, permitiu as viagens missionárias de Paulo, consentiu a disseminação da Palavra divina e a constituição da diáspora cristã.

Mas, se é verdade que o Mediterrâneo é o primeiro lugar de meditação do Ocidente, também é verdade que na Europa, filha daquele mar, nasceu a crise do pensamento, a inquietude que se seguiu ao cancelamento do múltiplo e da diferença por obra do Uno. Interrogar-se sobre sua di-ferença — e, portanto, sobre seu di-ferir — implica interrogar-se sobre a identidade. Na viagem em direção ao múltiplo, como lembrou Massimo Cacciari, conhecer, analisar os distintos, não será suficiente. Será necessário interrogar-se sobre como se deu a cisão, quem a produziu. Somente se for capaz de um *logos* da cisão o homem poderá compreendê-la e, ao compreendê-la, reconduzi-la a uma possível harmonia.

Talvez ninguém tenha pronunciado essa ferida melhor que Fernando Pessoa. Ninguém, como ele, testemunhou, com sua própria vida, que a literatura e, mais em geral, a arte demonstram que a vida não basta. Escreve o grande português:

> *Multipliquei-me para me sentir,*
> *Para me sentir, precisei sentir tudo,*
> *Transbordei, não fiz senão extravasar-me,*
> *Despi-me, entreguei-me,*
> *E há em cada canto da minha alma um altar a um*
> *   [deus diferente.*

As *aporias* do pensamento europeu estão inextricavelmente ligadas à sua história, a suas raízes culturais, a suas fronteiras geopolíticas. Naturalmente não cabe aqui indagar a verdade da história européia e emendar seus "*logoi* muitos e ridículos", que narram (dissimulando-a) sua verdade. A análise das razões atuais de suas almas múltiplas exige a *re-cor-dação* do passado, uma plena *anamnese*. Mas pensar o passado significa, antes de tudo, explorar o próprio subsolo, decidir a própria identidade.

A contraposição político-geográfica implica a análise, a mensuração das fronteiras (territoriais e simbólicas), mas também a indagação de sua estrutura. Mas para que se possa medir é necessário conhecer o *medidor*. A anamnese histórica, geográfica, política e filosófica do Mediterrâneo sempre foi de-cidida pela luz do meio-dia, *meridiana*, como o primeiro instrumento de mensuração do *tempo-natureza* escandido pelos raios do sol, entre luz e sombra.

No frontão da abadia beneditina de San Michele (do século XV), na ilha de Prócida, no golfo de Nápoles, vive uma esplêndida *meridiana* de pedra. No largo plano branco do relógio solar estão gravados os seguintes dizeres:

dum sol me despicit non aspiciat me visus hominis

Essa inscrição alude a uma situação complexa, à presença concomitante de ao menos três elementos: a meridiana, o sol, o rosto *atento* de um ser humano. O quarto elemento, necessário mas não declarado pela epígrafe, é a sombra. Mas a ela só podemos aludir. Nenhuma sombra pode ser declarada ou desvelada. É a sombra da haste que possibilita a leitura da hora. Há uma única hora do dia em que é possível ler a meridiana aparentemente sem sombra: o meio-dia, a *hora meridiana*. Mas ao meio-dia a sombra não se dissolveu. Àquela hora, ela co-incide com o corpo e a luz que o ilumina. Originam-se aqui, dessa ambivalência radical, o fascínio e o pânico que a *hora meridiana*, desde sempre, incute aos viajantes: a hora de *Pan*, o mais mediterrâneo e arcaico dos deuses.

A força da coincidência de luz e sombra (*eu e minha sombra somos um*) apaga todas as artificiosas categorizações de sujeito, objeto, mundo, eu, mente, corpo. Mesmo os vetores usuais da temporalização são por ela atingidos. A experiência da vida meridiana *meleta to pan* ("cuide do todo", dizia Anaximandro) indica o *Um*, em sua incessante *apreensão* e *cuidado do todo*. O tempo do deus Pan é, de fato, o *merídio*. Manifesta-se (*phainestai*) aterrorizando homens e coisas com o poder da *physis* (natureza). *O tempo, como ordenada sucessão de momentos, pára. A presença* é abalada em seus alicerces, obrigada a *tomar consciência de si*, como alguma coisa estranha e diferente e, contudo, própria.

Naquela linha de sombra, onde a existência meridiana se detém e declina, surge o pensamento da medida. Escreveu Camus:

> O absolutismo histórico, apesar de seus triunfos, nunca deixou de entrar em choque com uma exigência invencível da natureza humana, da qual o Mediterrâneo, onde a inteligência é irmã da luz que cega, guarda o segredo. [...] Mas a juventude do mundo encontra-se sempre em volta das mesmas praias. Lançados na ignóbil Europa onde morre, privada de beleza e de amizade, a mais orgulhosa das raças, nós, mediterrâneos, vivemos sempre da mesma luz. No coração da noite européia, o pensamento solar, a civilização de dupla fisionomia espera sua aurora. Mas ela já ilumina os caminhos do verdadeiro domínio.

E ainda:

> No meio-dia do pensamento, a revolta recusa a divindade para compartilhar as lutas e o destino comuns. Nós escolheremos Ítaca, a terra fiel, o pensamento audacioso e frugal, a ação lúcida, a generosidade do homem que compreende. Na luz, o mundo continua a ser nosso primeiro e último amor.

Odisseu, o homem mediterrâneo por excelência, que, perdidos os deuses, tem em mente Ítaca e um pensamento audacioso e frugal, conhece (e vive) generosamente a *desesperada esperança* de uma viagem em direção àquela "*virtute e canoscenza*" — como em Dante Alighieri — feita de *amor e desespero*, de *luz e sombra*, de *vida e morte*.

Nas noites suspensas e sem vento, nas margens daquele Mediterrâneo, o homem que compreende intui o próprio destino. Anota Camus:

À meia-noite, sozinho na praia. De novo esperar, e partirei. O próprio céu está parado, com todas as suas estrelas, como esses barcos cobertos de luzes que, a essa mesma hora, no mundo inteiro, iluminam as águas sombrias dos portos. O espaço e o silêncio pesam como um fardo único sobre o coração. Um amor arrebatado, uma grande obra, um ato decisivo, um pensamento que transfigura, produzem em certos momentos a mesma intolerável ansiedade, duplicada por um encanto irresistível. Deliciosa angústia de ser, proximidade singular de um perigo cujo nome não conhecemos — viver, então, será expor-se à sua perda? Uma vez mais, sem demora, exponhamo-nos à nossa própria perda.

Dessa paisagem antiga e sublime, onde o universo e o infinito da alma humana podem se encontrar a todo instante; desse território da escrita que nos convida à viagem por muitas e muitas terras ainda e que nos faz pensar em toda a aventura humana que a água dos mares trouxe à vida do mundo; enfim, disso tudo, o que sabemos realmente? Aqui a história se vê em dificuldades. E nós, que não temos a intenção de nos subtrair à responsabilidade das idéias, estamos prestes a traçar alguns pontos cruciais na evolução histórica e conceitual do Mediterrâneo.

Na Idade Média e no início do Renascimento, o Mediterrâneo tem de aceitar a convivência de diferentes culturas: hebraica, cristã, católica, bizantina, islâmica (esta, com claras intenções hegemônicas). Essas culturas, perseguidas ou não, coexistirão durante séculos, atravessando períodos históricos de tremenda crueldade que lançam sombras espessas sobre a teoria e as práticas efetivas da tolerância, a ponto de levar a pensar que, na história do Mediterrâneo, esta só encarnou durante breves períodos, quase excepcionais.

As civilizações pós-mediterrâneas e a atlântica que precedeu a global devem muito à civilização mediterrânea. No Mediterrâneo, de fato, apareceram pela primeira vez a civilização do direito, a livre criação técnica e artística, as grandes religiões monoteístas universais, a civilização das trocas. Antes que o desenvolvimento das civilizações atlânticas o transformassem num "lago" sem relevância geopolítica, o Mediterrâneo foi centro de criação e irradiação de civilização. Surgem aqui extraordinários e talvez imperecíveis valores universais: Atenas e Jerusalém, os monoteísmos hebraico e cristão, o direito romano clássico, fonte das relações jurídicas de auto-regulação predominante ou exclusivamente privada.

Sem as raízes e os arquétipos mediterrâneos antigos seriam inimagináveis os fundamentos da civilização atlântica anglo-saxônica: o império do mar, a tradução da Bíblia em inglês, as afinidades entre a *common law* e o *direito romano privado*. O próprio nascimento dos Estados Unidos no final do século XVIII, sua declaração de Independência, sua "Constituição federal", referem-se explicitamente ao Pacto bíblico e à história antiga da República romana, colocando em evidência a raiz mediterrânea comum.

Mesmo quando o Mediterrâneo se torna geopoliticamente periférico e suas civilizações entram em visível decadência, o espírito de Atenas e Jerusalém toma forma em outros lugares. O mesmo se dá para algumas conotações mediterrâneas que surgiram em períodos de decadência e que foram consideradas inferiores pelas civilizações anglo-saxônica e germânica (pela Europa protestante do Norte em geral), que, ao contrário, podem ser lidas de maneira diferente, e parcialmente recuperadas e religadas às raízes-arquétipos do Mediterrâneo.

Quem sabe, talvez para nascerem as primeiras civilizações precisassem do sol, de um mar não muito tempestuoso e facilmente navegável, da *luz meridiana*, de calor humano. São esses elementos — somados à fantasia e ao poder das grandes fés — a fazerem do Mediterrâneo um lugar de criação extraordinária. Basta pensar no alfabeto fonético e compará-lo aos sistemas dos ideogramas. Sem essa invenção extraordinária seriam absolutamente inimagináveis a revolução de Gutenberg ou a telemática. Pouco importa, afinal, que seja fenícia ou proto-grega. De todo modo, foi mediterrânea.

No Mediterrâneo, a partir da civilização minóica (Creta), por volta de 2000 a.C., surgiram as frotas marítimas comerciais com navios de mastro central e vela quadrada. Os fenícios constituíram a primeira hegemonia marítima sobre todo o Mediterrâneo, limitando-se à troca comercial, sem nunca tentarem formas de domínio político. Da diáspora fenícia emergiram o poder de Cartago, a contenda entre gregos, etruscos e púnicos pela hegemonia mediterrânea.

Com o Império de Alexandre temos a primeira unidade mediterrânea e o primeiro grande porto de Alexandria. No século III, Cartago é derrotada e Roma lança as bases da primeira longa fase unitária do Mediterrâneo. Sua hegemonia militar é garantida por uma frota que torna seguro e dinâmico o comércio. Aqui também se observam as características do poderio romano: o pacto (*foedus*) com os povos derrotados, no contexto jurídico mais geral de um direito não público. De resto, o Mediterrâneo é navegável durante boa parte do ano, da primavera ao outono, e isso é um fator decisivo de comunicação, comércio e troca, se comparado aos mais limitados caminhos terrestres e à tração animal.

Embora a entrada dos vândalos constitua o primeiro grande golpe contra a estabilidade da ordem interna e das fronteiras externas, a afirmação do poderio naval muçulmano será o fator determinante de uma crise longa e fundamental, segundo a famosa tese de Henri Pirenne.

As repúblicas marítimas italianas — Amalfi, Gênova, Pisa e Veneza — são civilizações mediterrâneas exemplares. Todavia, já a partir do século XV os caminhos oceânicos se abrem, especialmente por obra do português d. Henrique, o Navegante. Com a descoberta da América e a circunavegação do globo, o vento da história muda de direção. Se no Mediterrâneo rege o eixo Veneza—Constantinopola—Alexandria, os portos oceânicos de Sevilha e Anversa passam a dominar a cena, paralelamente ao melancólico declínio dos portos de Gênova, Nápoles e Barcelona.

Com a paz de Utrecht (1713), o equilíbrio mediterrâneo passa por uma transformação radical: a Inglaterra, estabelecida em Gibraltar e Minorca, torna-se dona do acesso ao Mediterrâneo pelo Atlântico. Foi uma transição factual e simbólica decisiva. Os ingleses substituem a hegemonia espanhola, em nítido declínio, ao passo que a presença da Rússia no mar Negro tem o objetivo de penetrar no Mediterrâneo e substituir o Império Otomano em desagregação. Tentativa, essa, também dos austríacos, mediante o controle adriático dos portos de Trieste e Fiúme.

Com o Congresso de Viena, a Grã-Bretanha fortalece sua "talassocracia" mediterrânea, obtendo Malta e as ilhas jônicas.

O advento da Revolução Industrial e da navegação a vapor dará novo impulso ao tráfego mediterrâneo. O canal de Suez (1869) é construído tendo em vista objetivos coloniais e para evitar a longa circunavegação do continente africano. No segundo pós-guerra, as tradicionais potências mediterrâneas são substituídas pelas superpotências americana e soviética, que subtraem o Mediterrâneo do controle dos povos ribeirinhos. A situação seguinte se caracteriza pelo estratégico peso econômico do petróleo e os acirrados conflitos do Oriente Médio.

Como é evidente, a mediterrânea é uma civilização do mar, densa de história, e dessa história ela pode retirar temas de identidade, comunicabilidade, nova visibilidade e energia. As civilizações anglo-saxônicas e as latino-mediterrâneas têm um elemento comum: ambas são civilizações do mar, e ambas foram impérios marítimos. Assim foi, com efeito, em Atenas; em Roma, parcialmente, após a vitória sobre Cartago; na Espanha e em Portugal, do mesmo modo como nos impérios britânico e norte-americano, em contraposição ao *nomos da terra* da tradição germânica e russa.

O progressivo deslocamento do baricentro social e cultural da vida do homem, produto, ao longo da história, do elemento terrâneo — como *fundamento* sólido que se contrapõe ao aquático (em suas diversas etapas, potâmica, talássica e, enfim, oceânica) —, é emblematicamente revelado pela "mudança de função" do *Leviathan*: de senhor do Oceano (e, portanto, do mal) a símbolo da ordem do poder soberano, em relação ao qual, revertendo a representação bíblica, *Behemoth*, senhor da terra, encarnará a desordem e a guerra civil. Em *Terra e mar*, Carl Schmitt lê essa transformação como a expressão da vicissitude histórica de uma condição que, de "autóctone", vai até "autotalássica": a primeira, dominada pela centralidade da terra e da casa, a segunda, que se desenvolveu sob "o signo do movimento e da técnica".

Para o maior e mais controvertido jurista do século XX, a luta entre as duas condições históricas de existência e das relativas "visões de mundo" encarnam-se na luta de Atenas contra Esparta, de Roma contra Cartago, de Napoleão contra a Inglaterra, da Rússia contra a Inglaterra, do urso contra a baleia.

Apesar de uma longa história de domínio do direito público (da monarquia absolutista ao Código Napoleônico) e a despeito de terem surgido com o Estado moderno, os mundos mediterrâneo e latino têm uma história mais longa e antiga. As *poleis* gregas clássicas eram sim orgânicas, mas eram comunidades pequenas; o direito romano originário era direito das gentes, das famílias, dos contratos, da regulação civil das controvérsias; o Pacto bíblico do Sinai, com Deus entregando o Decálogo a Moisés, dava forma a uma lei feita de regras de conduta.

Embora o mundo anglo-saxônico seja costumeiramente identificado com a *common law* e a Europa continental, com a *civil law* — o direito positivo e a legislação do soberano político (antes, o monarca; depois, o Parlamento) —, o quadro parece ser muito mais complexo e agitado. Uma nítida fronteira divide a fria *Europa do Norte* (terra do direito abstrato e impessoal) e a *Europa mediterrânea latina*, com sua vocação para um direito pessoal e regulações *face a face*, típicas das sociedades mediterrâneas, totalmente estranhas ao direito abstrato e impessoal. É preciso dizer que a França, país latino, parece identificar-se ao menos em parte com a tradição norte-européia.

Por muito tempo, nos paradigmas do direito público europeu (inicialmente napoleônico, em seguida kelseniano), o direito pessoal mediterrâneo foi considerado como um direito inferior, um não-direito, até mesmo como uma espécie de ordem jurídica primitiva. É totalmente plausível afirmar, ao contrário, que, diante da profunda crise da modernidade, da queda dos ídolos e dos dogmas do direito abstrato e impessoal; diante das dinâmicas turbulentas do mundo global-local, existam novas possibilidades de dar espaço a um direito pessoal que poderíamos definir, parafraseando Lévinas, como um direito do *face a face*, ou seja, de novas formas de auto-regulação, factuais e jurídicas.

Chegando ao cerne do nosso diálogo sobre a questão nada pacífica da *latinidade*, é preciso dizer que, se a antiga civilização romana não alcançou o nível e o esplendor cultural de Atenas e Jerusalém — a primeira como farol da mais extraordinária criação filosófica, artística e política (com o decorrente "antropocentrismo"); a segunda, com a idéia de um ser humano feito à imagem e semelhança do Criador (com todos seus seculares e duradouros efeitos de civilização e liberdade da pessoa) —, ainda assim ela, a civilização latina, deu ao mundo importantes contribuições. Seu próprio poderio militar tinha fortes bases político-jurídicas: com efeito, através do *foedus*, sabia converter a conquista militar em experiência política: isto é, num pacto com os vencidos que deixava ampla autonomia aos *municipia*.

Pensemos também na invenção do direito privado, na língua e na cultura latinas e em suas enormes características comunicativas. A língua latina, especialmente, tem uma relevância plurissecular. Mesmo quando se tornou língua morta (no sentido de já não ser falada pelas classes populares), ela continuou a ser, durante séculos, a língua européia dos intelectuais, das universidades, da Igreja católica. Se o Renascimento humanista do século XV redescobriu o latim clássico, temos de reconhecer que o latim cristão — das Sagradas Escrituras de são Jerônimo aos Pais da Igreja até a *Suma teológica* de são Tomás — é um extraordinário instrumento de comunicação: a língua de outra civilização. Basta lembrar aqui que uma das fontes da imensa invenção da *Divina comédia* de Dante Alighieri é em latim bíblico e patrístico, ao lado do latim virgiliano clássico.

Hoje, quando a queda dos mitos e dos dogmas cientificistas e construtivistas da modernidade se revela em sua plenitude; quando se torna evidente como nos países desenvolvidos as comunidades de crentes se tornaram minorias; pois bem, justamente hoje, temos de reconhecer que a civilização latino-romana mais duradoura não foi a republicana imperial clássica, e sim a da Igreja de Roma, a do universalismo da Igreja católica.

A Igreja de Roma — apesar das páginas obscurantistas de sua história — lutou com tenacidade contra os poderes soberanos e os absolutismos políticos, traçando uma linha divisória entre poder espiritual e temporal que constitui o que existiu (e ainda existe) de civilização ocidental e que permitiu o desdobramento de autonomias citadinas, individuais, sociais; condições essenciais para a criação de sua riqueza econômica, cultural e espiritual. Nisso ela manifestou sua radical diversidade em relação à idéia total islâmica — a *Umma*, a comunidade indistinta de religioso e político —, que é uma das razões do atraso secular das sociedades muçulmanas.

Decerto não cabe aqui enfrentarmos o problema da identificação entre o direito abstrato e impessoal e o protestantismo, de um lado, e o das relações pessoais *face a face*, típicas das sociedades latino-mediterrâneas, do outro. Aliás, que a conhecida tese de Weber sobre a identificação entre protestantismo e espírito capitalista seja duvidosa, demonstra-o a existência de inúmeros exemplos de interação entre espírito empreendedor e catolicismo, como Flandres, a Alemanha do sul, Lombardo Vêneto, etc.

Ao definir o conceito de latinidade temos de levar em conta tudo isso, assim como devemos levar em conta o fator lingüístico. É preciso dizer, a esta altura, que todas as línguas neolatinas conservaram e potencializaram as características comunicativas do latim. Claro, perdeu-se a universalidade do latim clássico, mas se adquiriu maior articulação, flexibilidade, expressividade. As línguas neolatinas são um fator essencial por seus valores intrínsecos, e também como fator de pluralidade ante o *imperialismo* lingüístico inglês. Naturalmente isso não significa que não se tenha profundo respeito pelas inúmeras características positivas e dinâmicas da língua e da civilização anglo-saxônicas, mas não podemos deixar de dizer que o inglês da comunicação internacional é neutro, impessoal, árido, meramente técnico, expressivamente pobre. Para além de sua indiscutível utilidade, hoje mais parece uma afetação, uma moda deteriorada, em alguns casos, uma vassalagem.

As características comunicativas, expressivas e literárias das línguas neolatinas, ao contrário, são extraordinárias. Merecem que não as subestimemos. O *esprit de geometrie et de finesse* do francês, a sonoridade e o calor do espanhol, as características persuasivas do português brasileiro, a extraordinária eufonia do italiano, são um patrimônio de civilização que merece muito mais interações do que as que existem hoje. Atenção: interações diretas entre redes culturais e associativas, não expectativas de políticas estatais. Basta pensar, por exemplo, nos próprios Estados Unidos, centro da irradiação mundial da língua inglesa, onde estão se afirmando novas expressões de pluralidade, constituídas por comunidades abertamente hispanófonas — como na Califórnia ou no Texas —, com suas próprias redes de rádio e televisão, imprensa escrita, e assim por diante.

As línguas neolatinas e as civilizações mediterrâneas e latinas podem contribuir largamente para a pluralidade e a multipolaridade do mundo atual. Hernando de Soto, professor latino-americano, demonstrou, com suas pesquisas de campo, quanta riqueza oculta há na aparente miséria das metrópoles latino-americanas, e como essa riqueza pode ser dinamizada por uma ordem jurídica e de relações humanas diferentes, não de importação anglo-saxônica, mas específica, auto-regulada, conforme aos usos, aos costumes, aos valores dos povos, baseada num código de regras de conduta, em acorde perfeito com as histórias e as expectativas dos povos latinos e mediterrâneos.

Os latinos só poderão se libertar de seus complexos de inferioridade ou dos ressentimentos para com os países mais prósperos ao se libertar da idéia primitiva e servil de que a economia mundial é um "bolo a ser repartido". A liberdade se conquista com valores próprios, com condutas próprias, e não com ressentimento e preconceitos em relação aos outros. Escrevia Shakespeare: "A culpa não é das estrelas, Bruto, mas nossa, se somos escravos". E, ademais, o que serve para a Filadélfia não serve para a Bahia. Os extraordinários recursos da latinidade vivem no reconhecimento do direito pessoal concreto, na criatividade-fantasia que não se dispersa nos inúmeros regatos da resignação, que reencontra as próprias raízes culturais e torna a viver em novos empreendimentos.

A idéia neo-testamentária "os últimos serão os primeiros" exige o questionamento da ordem constituída: humildade e não resignação, dinamismo das obras da fé, naturalidade da concorrência. Se tornarmos a colocar no centro o homem em si, então o que importará será o homem como ele é, e não como deveria ser segundo as lógicas do poder. O que importa é a concretude das relações humanas, não as leis numéricas e as uniformizações do direito positivo. Assim, falar de uma antropologia latina só tem sentido se considerarmos essas qualidades, sejam elas expressas ou potenciais. Desse modo, o "homem cordial" do grande historiador brasileiro Sérgio Buarque de Holanda poderia readquirir pleno significado.

Por um motivo ou por outro, terra, pátria, idioma, povo, raça, tornaram-se palavras impronunciáveis. Sobre elas, por um bom tempo, projetou-se um longo cone de sombra. Hoje, no entanto, estão à espera de respostas nossas, respostas à altura da mudança histórica que estamos vivendo. Delas depende o amanhã do Ocidente. Hoje, quando o espírito europeu ameaça o mundo todo; quando não há outras fronteiras a serem violadas — porque toda fronteira certa se dissolveu e, com elas, toda integridade territorial; talvez hoje, finalmente, poderíamos reencontrar a capacidade de abrir as próprias fronteiras ao outro. Se realmente tentássemos, poderíamos alcançar uma conquista dessas sem ter de abrir mão de nossas idéias, sem que a renúncia a fazer a nossa verdade prevalecer venha a se transformar num sentimento de perigo, de vertigem, de abandono.

Esse novo tempo exige — como escreveu o filósofo Massimo Cacciari — que a Europa coloque em questão a si própria, o ocidente da própria história. Somente assim, na revolta contra si própria, arrependendo-se não da própria intransigência, mas da própria vontade de compromisso, poderá reencontrar a capacidade de escrever outras páginas enaltecedoras que — sem intenções hegemônicas — poderão fecundar o por-vir do mundo. A mais áspera contenda que a Europa já pôde imaginar é aquela contra si própria. A luta da alma contra si mesma: talvez seja este o nexo mais profundo entre a herança clássica e o cristianismo. Se, como Cacciari nos convida a fazer, tivéssemos condições de declarar guerra contra nós mesmos, contra nossa vontade de conservação, de sobrevivência, de resistência ao chamado do outro: uma guerra que não nos poupe de nada e nos obrigue a todos os obstáculos, todas as interrogações e responsabilidades; se pudéssemos permanecer tão vigilantes e insones em nós, contra nós, e não contra o outro; se pudéssemos contrastar todo egoísmo; talvez então, sem mais energia, deixaríamos de ser hostis fora de nós.

Em seus momentos mais elevados e dramáticos, a civilização mediterrânea alcançou a paz no fim dessa guerra interior contra toda segurança, todo abrigo, toda consolação.

Esse pensamento desde sempre acompanhou o Mediterrâneo e seu espírito. Temos de esperar que ele saiba se pensar espaço onde a vontade de poder, em revolta contra si própria, se converta, e que ele, de construtor de utopias, saiba remontar a uma visão mais clara do mundo. Quando isso acontecer, então o Mediterrâneo poderá doar ainda, a seus futuros viandantes, aquela terra sem nostalgia a caminho da qual nos encontramos.

Nessa comunidade de seres distintos, cada qual terá de resistir à ilusão de que pode prevalecer sobre o outro, discutindo e compreendendo ainda. Ninguém terá de esmorecer a própria verdade. Se acreditarmos nisso e soubermos resistir ao vazio provocado pela ausência de certezas, a verdade — que inevitavelmente é uma verdade conjetural — se mostrará para nós em sua luz plena. Então, poderemos nos despedir uns dos outros. Mas haverá outros encontros, e outros debates. Sem indiferenças, sem tolerâncias vazias e com toda a força da razão. Decidiremos então que o diálogo, nosso diálogo, continuará sem que nenhum gesto intelectual possa algum dia esgotar suas aberturas.

Não é uma meta o que põe fim à busca. A meta está na própria busca, é nela que cresce o amor por aquilo que procuramos. Queremos saber, mas sabemos que não podemos saber tudo. Queremos ter, mas sabemos que não podemos possuir nada realmente. Queremos amar, mas sabemos que é impossível possuir o que realmente se ama.

COMPANHEIROS DE VIAGEM

BRAUDEL, F. *Il secondo Rinascimento: due secoli e tre Italie*. Turim: Einaudi, 1986.

_____. *Il Mediterraneo: lo spazio, la storia, gli uomini, le tradizioni*. Milão: Bompiani, 1987.

CACCIARI, M. *Geofilosofia dell'Europa*. Milão: Adelphi, 1994.

_____. *Arcipelago*. Milão: Adelphi, 1997.

CAMUS, A. "La mer au plus près". In: *L'Été*. Paris: Gallimard, Pléiade. Ed. brasileira: *Núpcias, o verão*. Trad. Vera Queiroz da Costa e Silva. Coleção Logos. Rio de Janeiro: Nova Fronteira, 1979.

_____. *L'homme révolté*. Paris: Gallimard, Pléiade, 1994. Ed. brasileira: *O homem revoltado*. Trad. Valerie Rumjanek. 2ª ed. Rio de Janeiro: Record, 1996.

CASSANO, F. *Il pensiero meridiano*. Roma; Bari: Laterza, 1966.

DETIENNE, M. *I maestri di verità nella Grecia arcaica*. Roma; Bari: Laterza, 1977. Ed. brasileira: *Os mestres da verdade na Grécia arcaica*. Trad. Andrea Daher. Rio de Janeiro: Zahar, 1988.

MATVEJEVIC, P. *Mediterraneo: un nuovo breviario*. Milão: Garzanti, 1991.

MORIN, E. "Penser la Méditerranée". *Métis*, nº 7, out. 1991.

_____. *Penser la Méditerranée et méditerranéiser la pensée* (mimeo.).

NIETZSCHE, F. *Frammenti postumi 1887-1888*. In: *Opere complete*, vol. VIII, t. II. Milão: Adelphi, 1970.

RESTA, C. *Il luogo e le vie: geografie del pensiero in Martin Heidegger*. Milão: Franco Angeli, 1996.

SAVIANI, L. *Poros: idee di Napoli e variazioni sul tema del Mediterraneo*. Turim: Marco Valerio Editore, 2002.

SAVINIO, A. *Sorte dell'Europa*. Milão: Adelphi, 1977.

SCHMITT, C. *Terra e mare*. Milão: Adelphi, 2002.

O outro e sua sombra

> [...] a voz de um único indivíduo poderia ter impedido que esse abominável crime [o escravagismo] se estendesse sobre o novo território. Vimos portanto o destino de milhões de homens ainda não nascidos depender da voz de um único homem, e naquele momento fatal o Céu se calou.
>
> *Thomas Jefferson*

Tolerância é um conceito-chave da civilização moderna e, ao mesmo tempo, é um de seus dramas culturais e políticos. Falar sobre tolerância — numa época de violências sanguinárias e primordiais — nos leva a enfrentar profundas inquietudes, questões intratáveis, palavras consternadas e dilaceradas. No entanto, cada um de nós tem o dever de opor, à obtusidade da violência, da guerra e da morte, a coragem, a esperança e a responsabilidade do pensamento.

Tolerância é uma palavra densa e estratificada, que surge para demarcar a barbárie, a guerra, o ultraje, o escárnio. Porém, se desde sempre se opõe ao fanatismo, ao ódio sistemático, à militarização das idéias e das consciências, favorecendo a evolução do espírito e as relações humanas pacíficas, com muita freqüência foi identificada com os significados de concessão, compreensão, indulgência, conciliação.

O termo *tolerância* nunca conquistou (talvez não pudesse) o sentido de pleno reconhecimento da alteridade e da diversidade. Limitou-se a designar uma genérica "coexistência pacífica" que não contempla uma titularidade dos direitos, uma originariedade dos poderes, uma reciprocidade das obrigações. Amiúde se manteve decididamente aquém disso. Conceito controvertido, portanto.

Ainda assim, podemos considerá-lo inatual, ou em declínio? A idéia de tolerância tem origem e história próprias e deste modo dificilmente terá um fim. Como uma barragem que se opõe e resiste ao *polemos*, à violência, às condenações ideológicas, às matanças políticas e à guerra, ela continua a expressar um sentido, a ser causa de persuasão e atração. A etimologia do verbo *tolerar* deriva do latim *tolerare*, de *tolere*, "tirar", no sentido originário de "suportar". Apesar da incompletude de sua conceituação (como demonstram as diversas sensibilidades semânticas dos termos anglo-saxônios *toleration, tolerance, tolerating*), não podemos perder de vista seu caráter emblemático, de valor, de resistência ao arbítrio e à perseguição, à violência política e privada, à inquisição judiciária e policial. Dentro de limites históricos, teóricos e éticos precisos, ela significou liberdade religiosa e política, embora nunca tenha se tornado *a liberdade*.

No curso dos séculos, as comunidades perseguidas e muitos livres-pensadores procuraram conferir à tolerância religiosa um fundamento *ético*: exigência, esta, que surgiu com o humanismo de Erasmo de Roterdã, depois ampliada e potencializada por Locke (especialmente na primeira *Carta sobre a tolerância*, 1689). Para esses autores, a perseguição é violência que se contrapõe à caridade cristã, ao passo que a tolerância é uma conseqüência natural da fraternidade evangélica.

À primeira vista, parece que o aprofundamento e a ampliação do conceito de tolerância podem naturalmente levar a esferas de pluralidade e liberdade. Mas não é assim. De fato, se é verdade que o termo *tolerância* ainda é insubstituível, mesmo assim ele parece limitado e, em certo sentido, autocontraditório. É opinião comum (e de algum fundamento) que o conceito moderno de tolerância teria surgido após as Guerras de Religião do século XVI, que se seguiram à cisão da *res-publica christiana*, no final da unidade do cristianismo ocidental e ao antagonismo entre a

Reforma protestante e a Contra-Reforma da Igreja católica. Durante todo o período da *res-publica christiana*, apesar das revoltas heréticas e das respectivas perseguições, tanto a idéia de tolerância como a de guerras de religião entre cristãos eram totalmente inconcebíveis. Os valores do universalismo e os ensinamentos cristãos permeavam toda a hierarquia social. Seus fundamentos, radicalmente diferentes do conceito de tolerância e anteriores a ele, derivavam do pleno respeito pelo mundo da criação.

Apesar dos fenômenos que hoje definiríamos como intolerância (fogueiras, chacinas, fanatismos, guerras de facções), a hierarquia dos valores tinha como eixo a fraternidade, que precedia a escravidão clássica e excedia a moderna *cidadania geral*. Naquele mundo — em que a tolerância chegaria a parecer uma *diminutio* em relação à civilização cristã —, as relações humanas e políticas tinham por referência valores e condutas que em muito as transcendiam. Aliás, ainda se desconhecia o poder político da modernidade — impessoal, uniformizador, anônimo e exclusivamente concentrado na unidade de mando.

Com a modernidade, aconteceu o que na Idade Media teria sido inimaginável: a violência e o sangue derramado nas longas "guerras de religião" dão vida à idéia de tolerância.

Mas foi realmente a religião o que esteve na origem das Guerras de Religião? Não parece. Ao menos não exclusiva e principalmente. O que as provocou e expandiu foi, antes, o nascente absolutismo estatal e o nacionalismo. O teatro da história começava a ser mais ocupado por César do que por Deus; por César em nome de Deus; ou pela luta de classes em nome de Deus, e assim por diante.

Entre os motivos que desencadearam aquelas guerras (denominadas de religião) estão: 1) o conflito entre os principados e as cidades livres, de um lado, e o Sacro Império Romano, de outro; 2) o nacionalismo alemão contra o papado romano; 3) a revolta dos cavaleiros em 1522-23 e a dos camponeses em 1525; 4) a Reforma luterana, que determinou um regime de Igreja de Estado, e por conseguinte o nascimento de um conceito ético e autoritário do Estado, que terá conseqüências imponentes na história germânica; 5) o papel determinante da monarquia no cisma da Inglaterra; 6) a independência sueca contra a dinastia dinamarquesa em 1523, que se deu na adesão ao luteranismo. Todos esses eventos mostram com clareza que não se tratou exatamente de disputas teológicas ou de questões de fé religiosa.

A crítica mais persuasiva contra as Guerras de Religião originou-se justamente em âmbito religioso. No capitulo 14 da *Epístola aos romanos* (que traz o significativo subtítulo de *Preceitos de tolerância*), Paulo diz: "Não nos julguemos mais uns aos outros", "Cada um de nós dará contas de si mesmo a Deus". O cristianismo (disseminado e consolidado como Cristianismo Paulino) não só abolira as fronteiras internas do mundo antigo (gregos/bárbaros, judeus/gentios), mas também tinha transformado o universalismo do *civis romanus*, anulando a fronteira que o separava do não-cidadão e do escravo. Este era reconhecido não mais como escravo, mas como "irmão caríssimo". Diz, ainda, Paulo: "Por que julgas a teu irmão? E tu, por que desprezas o teu?" (14, 10).

Ao alvorecer o mundo moderno, no auge das controvérsias religiosas entre Reforma e Contra-Reforma, é a voz límpida e pacata do grande humanista cristão Erasmo de Roterdã a dar fundamento cultural à tolerância. A partir de uma crítica serena e intensa à *pervicacia asserendi* de Martinho Lutero e a sua obstinada afirmação do Absoluto, Erasmo convida a um retorno ao Evangelho, ao comedimento da fé e da razão, colocando-se assim como um precursor da autonomia individual e do confronto pluralista. Erasmo é herdeiro e intérprete de uma visão humanista e de uma sabedoria serena, de um amor pelos estudos moldado no ideal clássico do *otium*, de uma distinção entre os discursos dos sábios e aqueles apropriados ao povo. Nada mais distante do fideísmo e da idéia moderna da mobilização das massas, que, ao contrário, estavam presentes em Lutero.

Em sua *Diatribe de libero arbitrio* (1524), Erasmo ataca a Reforma luterana e se opõe radicalmente à desvalorização, por

Lutero, das "obras" do homem, entrevendo nela um perigo funesto para a dignidade humana.

> O livre-arbítrio, depois do pecado — escreve Lutero —, é uma palavra vazia, e toda vez que o homem faz o que está em si, está cometendo pecado mortal.

Está claro que a essa perspectiva falta qualquer traço ético, a responsabilidade, a autonomia humana. Para Erasmo, ao contrário, o homem é capaz de liberdade, ainda que esta provenha da "graça" divina. A liberdade humana é liberdade de salvar-se; e a demonstração de que o homem tem condições de salvar-se está na ênfase que, nas Sagradas Escrituras, se atribui ao mérito, ao julgamento, à punição.

Por outro lado, se o homem não fosse livre, que sentido teriam prescrições, advertências, promessas divinas? A "graça" — auxílio divino à vontade humana — pressupõe a liberdade. A própria oração não passaria de um epifenômeno não essencial da fé, não fosse a manifestação de uma vontade de salvação. Assim como o fogo tem uma força interna própria, que arde porque foi criada e é mantida por Deus como *Causa principalis*, da mesma forma a salvação humana é obra do homem, embora sustentada pela ação divina.

Lutero replicou a Erasmo com veemência, através do *De servo arbítrio* (1525). Ele considerava inadmissível qualquer relação entre a liberdade divina e a humana. Para Lutero o *livre-arbítrio* nada mais é que um nome vão, apagado pela onisciência e onipotência divinas. Deus prevê, propõe e cumpre tudo o que acontece com vontade eterna e infalível. A liberdade humana é um absoluto e apaixonado "disparate".

Embora o comedido e persuasivo discurso erasmiano sobre a tolerância acabará atropelado pela passionalidade e brutalidade luteranas, ele continua sendo um momento fundamental da tolerância moderna. Todavia também mostrará, primeiramente, toda a fragilidade da idéia de tolerância. O humanismo racional (de raiz grega) é profundamente questionado pelo poder da linguagem e das imagens bíblicas. Sergio Quinzio afirma:

> A superioridade de Lutero reside antes de tudo no fato de que sua linguagem é muito mais próxima, mais ligada que a de seu antagonista à linguagem amiúde paradoxal das Escrituras, que tende para os extremos em vez de dobrar-se sobre si própria em direção a uma *mesòtes* grega.

Na história, Erasmo será mais um humanista que tende ao clássico do que um reformador da fé. Apesar de seus esforços, as razões da tolerância não raro sucumbem à *desrazão* da intolerância. Mas, por quê? Quanto se deve às relações de força entre os sujeitos polêmicos, aos estilos de pensamento, às linguagens? E quanto, por sua vez, à fraqueza intrínseca e às aporias do próprio conceito de tolerância? Ainda, por que a tolerância pareceu com tanta freqüência uma meia liberdade, uma renúncia voluntária aos próprios direitos: em breve, um medo da liberdade? Tentaremos responder mais adiante.

A nobreza, a dignidade, a força moral da tolerância, seu valor crucial para o convívio humano e para o nascimento da sociedade civil, encontram na *Epistola de tollerantia* (1689) de John Locke um duradouro e persuasivo fundamento. A idéia lockiana de tolerância surge da confluência de dois momentos associativos fundamentais — as instituições políticas e as comunidades dos crentes —, para em seguida se tornar uma das expressões mais elevadas da liberdade de consciência em toda a história do pensamento e das ações humanas. O conceito antiabsolutista e limitador de Estado coincide com aquele não eclesiástico e não temporal da Igreja, definida por Locke como

> uma livre sociedade de homens que se reúnem espontaneamente para honrar a Deus da forma que, acreditam, será aceita pela divindade, para obterem a salvação da alma.

Para Locke, uma instituição política é "uma sociedade de homens constituída para conservar e promover somente os bens civis": ou seja, a vida, a liberdade individual, a integridade do corpo, a posse dos bens materiais. A soberania política deve ser limitada, e a salvação da alma é totalmente estranha a suas esferas. A salvação, com efeito, depende da fé, e esta não pode ser induzida nos espíritos mediante a força. Escreve Locke:

> Se alguém quiser acolher algum dogma, ou praticar algum culto para a salvação da própria alma, tem de acreditar com todo seu espírito que aquele dogma é verdadeiro e que aquele culto será apreciado e aceito por Deus; mas nenhuma penalidade, em nenhum modo, é capaz de instilar na alma uma convicção dessa espécie.

Em Locke, tolerância e liberdade alcançam uma dimensão e uma perspectiva inéditas, que deixam transparecer os temas da longa história do direito natural (mesmo medieval), ponto de resistência à soberania política, o qual viverá nas ações e nas idéias das revoluções constitucionais, no *direito à resistência* contra a tirania e o arbítrio do poder, no horizonte e na inspiração da mensagem evangélica, na idéia da convivência pacífica e de uma ordem civil natural e auto-regulada. Ao contrário de Hobbes, estamos no *pacto sem a espada*, no pacto entre os homens civis mediante instituições associativas.

Para o filósofo inglês, os princípios da tolerância têm a ver com as liberdades fundamentais: a opinião, o corpo, a propriedade. O homem dispõe de si próprio e do que consegue obter graças ao trabalho e a outras atividades espontâneas e legítimas:

> Cada qual tem a propriedade da própria pessoa: sobre esta ninguém, a não ser ela mesma, tem direito algum. O trabalho de seu corpo e a obra de suas mãos, podemos dizer, são propriamente seus.

Os direitos apontados por Locke — momentos de resistência a todo poder político que tende a tornar-se ilimitado — designam esferas de autonomia e de liberdade da sociedade civil e dos indivíduos que se aventuram até às raias do autogoverno.

Embora fecundará largamente o Iluminismo, nem mesmo essa acepção de tolerância terá grande sucesso. Em Voltaire, particularmente no *Tratado sobre a tolerância* (1763), para além dos tons e dos temas apaixonados, os limites já observados em Erasmo se tornarão muito evidentes: basta pensar na definição voltairiana de *tolerantismo*, como "catecismo" de todo espírito "bem-nascido". Ademais, o *Tratado* de Voltaire, não obstante seja tão enérgico e afiado na crítica à intolerância tradicional, tende a manifestar alguns elementos anti-semitas e a esquecer a relação entre a condição judaica na Europa e o princípio de tolerância, e por isso será vigorosamente repreendido, em 1769, por alguns representantes das comunidades judaicas em *Lettres de quelques juifs portugais et allemands à M. de Voltaire*.

Os redatores afirmam abertamente:

> O senhor só vê neles [os judeus] um Povo ignorante e bárbaro, que une a mais sórdida avareza à mais detestável superstição e ao mais horrível ódio para com todos os Povos que os toleram e os enriquecem.

A Voltaire, o tolerante, o qual, referindo-se aos judeus, afirma que "não se pode queimá-los", os autores das *Lettres* respondem:

> Não basta não queimar os homens: é possível queimá-los com a pena, e esse fogo é ainda mais cruel, na medida em que seu efeito perdura até as gerações futuras.

Embora logo mais fosse cair sob a lâmina afiada dos jacobinos, o tolerantismo voltairiano tivera tempo de deixar transparecer na contraluz sua sutil crueldade. Nos séculos seguintes, queimar e levar a cabo execuções com a pena se tornará a prática emblemática da falsa tolerância.

A tolerância iluminista seguiu o mesmo destino do humanismo erasmiano. A ambivalência entre a afirmação convicta, apaixonada e iluminada dos direitos e das liberdades humanas, de um lado; e a fraqueza, a ambigüidade e o simples bom senso, de outro, irão resvalar na ambigüidade da concessão e na benevolência acrítica antes examinadas. Mais do que limite para a intolerância, a tolerância se tornará, em seu significado e sua aplicação, um obstáculo para si mesma: obstáculo, aliás, intrínseco ao próprio termo, em todas as suas acepções.

Sobre a tolerância iluminista, desdobra-se a sombra sinistra do despotismo iluminado. Cabe a pergunta: por que o caminho aberto por Erasmo, Voltaire e Locke se encerra com o terror jacobino? Jean-Edme Romilly, pastor protestante autor dos verbetes "Tolerância" e "Virtude" na *Encyclopédie* de Diderot, afirmara com simplicidade:

> Que estranhos meios de persuasão, as fogueiras e os patíbulos! [...] acreditam talvez honrar um Deus de paz e caridade ao lhe oferecer em holocausto seus irmãos?

As fogueiras e os patíbulos da antiga intolerância estão para dar lugar às guilhotinas e às execuções da moderna intolerância revolucionária. Por ironia do destino, Monsieur Joseph-Ignace Guillotin (inventor do moderno patíbulo mecânico-racional, primeiro instrumento da loucura e do terror políticos dos revolucionários jacobinos) era um médico iluminista que, na qualidade de convicto defensor da tolerância, concebera e construíra sua máquina com o objetivo de eliminar o sofrimento inútil dos condenados à morte.

Em plena revolução, o tribuno Mirabeau exclamara:

> Não vou pregar a tolerância, porque a mais ilimitada liberdade de religião é para mim um direito tão sagrado e

> santo que a palavra *tolerância*, que pretende expressá-lo, a mim parece ser, de algum modo, tirânica em si

pois

> a existência de uma autoridade com o poder de tolerar ameaça a liberdade de pensamento pelo próprio fato de que ela tolera, e, portanto, poderia não tolerar. [1789]

Não é singular que certas ambigüidades do termo sejam apreendidas por um revolucionário não jacobino que almejava um equilíbrio constitucional nos moldes britânicos?

Ao intervir, na Assembléia Legislativa, a favor dos direitos da minoria protestante na França e da liberdade para o povo proscrito e errante (os judeus), Rabaut Saint-Etienne afirmara que, se a "bárbara" palavra *intolerância* deixasse de ser pronunciada, ela não seria substituída pela tolerância, pois tal palavra contém em si uma idéia de compaixão que avilta o homem. Deveria ser reivindicada, antes, a liberdade, que "deve" valer para todos. Claro, ao verbete "tolerar" da *Encyclopédie* de Diderot, objetamos criticamente a conotação de compaixão e resignação, que reservamos às coisas que consideramos más. Mas a ambigüidade permanece. De fato, ela pode levar quer a uma idéia da liberdade como direito reconhecido e garantido, quer, como acontecerá nos resultados da Revolução Francesa, a uma renovada e mais intensa intolerância.

Desde abril de 1792 os *montagnards*, a ala esquerda dos jacobinos, começa a denunciar o tolerantismo do ministro do Interior, culpado de ter aberto as igrejas aos padres refratários (sumariamente definidos como "fanáticos"), pedindo sua deportação para os Estados Unidos. Tem início a longa e cruenta temporada de intolerância e perseguição que inundará de sangue o mundo nos séculos seguintes.

A esta altura é preciso perguntar: a tolerância pode ser uma perspectiva de liberdade e justiça? Se a resposta for sim, então só pode sê-lo além de si própria. Talvez seu destino atormentado e seu caminho acidentado tenham sido necessários para que se abrissem fendas no muro da perseguição e do ódio, para que se estreassem novos caminhos, e talvez também (e nesse ponto nosso discurso se torna conscientemente paradoxal) para que se delimitasse a demanda de direitos, a sede de justiça.

É oportuno que nos detenhamos em nossa reflexão. O "tolerantismo" iluminista não só se revelou tolerante para com o terror jacobino, mas também gerou uma categoria fraca, genérica, desprovida de responsabilidade ética que, de fato, deixou os homens indefesos diante das violências e dos horrores da história. Os totalitarismos do século XX tirariam vantagem disso, fazendo uso da retórica tolerantista para depois declarar seu fim, sob o signo de uma intolerância explícita, absoluta e orgânica.

Em *Madame Bovary*, Flaubert traça esplendidamente os traços do voltairiano ("tolerantista") e do conformista pobre de espírito, o homem das frases feitas, dos lugares-comuns do progressismo, com a personagem do farmacêutico interiorano Homais. Algumas décadas antes, Alessandro Manzoni, um iluminista convertido ao catolicismo, tinha inventado, em *Os noivos*, num século XVII absolutamente verossímil, uma personagem (o humaníssimo dom Abbondio) que, por covardia e medo, nem sequer ousava questionar-se sobre o bem e o mal; antes, "tolerava" as violências e as perseguições, traindo os preceitos cristãos que prometera observar. Não era homem de má índole; no entanto, dom Abbondio se tornara instrumento do mal.

Após o terror jacobino, a tirania napoleônica (e sua incessante guerra de 23 anos); mas, sobretudo, depois de Auschwitz e a Kolymà, o que ainda pode nos dizer a palavra *tolerância*? Nessa altura é preciso termos coragem. Pois falar disso significa enfrentar a questão até o fim, e sem recalques, com nossa história, nosso álbum de família, os abismos do mal que atingimos no século XX. Se "aconteceu o que não tinha de acontecer", como escreveu Hannah Arendt, isso significa também que a cultura da tolerância foi derrotada. Mas cuidado: não é questão de compreender. Diante do mal absoluto, não há nada a compreender. Quando começamos por *compreender* — como aconteceu com uma certa historiografia revisionista —, acabamos por *justificar* e nos tornamos inevitavelmente cúmplices.

Chegando a essa curva de nosso discurso, é necessário considerar a passagem da tolerância religiosa à intolerância cientificista. No século XIX e XX, com efeito, tolerância e intolerância irão caracterizar também o debate científico, com arriscadas implicações e conseqüências no campo das ciências sociais. Mas, se os dogmas religiosos sempre podem retornar às verdades de fé, não podemos afirmar a mesma coisa para os dogmas científicos. Aplicadas às ciências sociais e à política, suas pretensões têm conseqüências forçosas para a vida, a liberdade, a moral dos homens e das sociedades. Com excessiva freqüência, na verdade, o *uso da razão* transformou-se no *abuso da razão*, num racionalismo totalizador que, mediante a *presunção fatal* de projetar e re-plasmar as relações humanas e sociais conforme "um plano" predeterminado, teve — em perfeita *heterogênese das finalidades* — efeitos destrutivos, intencionais ou não.

A grande maioria das evidências científicas contemporâneas demonstra que não existem leis científicas gerais e absolutas. A emergência de fenômenos cada vez mais complexos e anômalos implica a nova elaboração e a revisão de teorias e previsões. Nesse sentido, só podemos pensar o conhecimento científico nos termos de uma verdade constantemente a caminho, à qual só se chega na forma de ter de procurá-la ainda. Reconhecer limites intransponíveis para o nosso conhecimento permite-nos circunscrever — e isso vale, antes de mais nada, para as comunidades científicas — a tentativa dos que procuram controlar a sociedade para tornar a plasmá-la: raiz, esta, de toda tirania (mesmo democrática) e da destruição de civilizações e tradições que surgiram e se desenvolveram mediante criações livres, relações de cooperação e concorrência, e decerto não pelos desenhos de uma mente superior.

Não é por acaso que na origem da *hybris* cientificista moderna tenha havido a *grandeur* político-cultural napoleônica, que teve seu paradigma perfeito na École Polytechnique. Nela surge o engenheiro perfeito, que desenha tudo deliberadamente (técnica ou militarmente), e que prefere o que foi planejado numa prancheta ao que se desenvolveu de forma natural. Um sujeito, enfim, que tem aversão a toda tradição, toda evolução espontânea, toda regra de conduta legada, e que conjuga conhecimento técnico com ardor revolucionário jacobino.

Essa cultura terá efeitos devastadores, porque irá incentivar o nascimento daqueles centros únicos de planejamento social e de mando político que se tornarão entidades de máxima intolerância, em grau nunca visto na história. Centros únicos que pretenderam (e pretendem, ainda) uniformizar realidades variadas e diferentes, fundamentar suas próprias escolhas na pretensão de um conhecimento único que nega a infinita variedade dos conhecimentos dispersos e diferenciados de milhões de homens.

Sob o signo oposto, em âmbito científico, estão as pesquisas de Popper, Kuhn, Lakatos, Feyerabend e Morin — com posições que divergem entre si, e que constituíram poderosas objeções e oposições pluralistas contra todo monismo e reducionismo.

À luz das dramáticas experiências da história, se uma parte da comunidade científica escolhe novos paradigmas pluralistas (ou a dissolução dos paradigmas), o universo político, ao contrário, permanece num imobilismo ptolemaico, feito de idéias fixas, de administração ordinária, de um poder sem idéias. A extensão dos Estados — com burocracias invasivas, exércitos permanentes e agregações políticas de massa — gerou ideologias e retóricas simplificadoras, cujo único objetivo é o estabelecimento de rígidas atribuições e pertenceres. Nascem, assim, aquelas *retóricas da intransigência* (quer reacionárias, quer progressistas) que herdam os paradigmas anteriores da intolerância e que transformam as polêmicas políticas e sociais em "guerra civil continuada com outros meios".

Albert Hirschman refutou tais dinâmicas, sobretudo nas

formas das culturas políticas européias e latino-americanas, e tentou propor algumas regras *democracy-friendly*, voltadas ao favorecimento de processos deliberativos abertos e percursos de formação de opinião para participantes sem opiniões já formadas no início. Hirschman, naturalmente, não ignorava as dificuldades de uma proposta como essa e, com certeza, muitas outras podem ser vislumbradas. Seja lá como for, o seu ainda é um interessante método pluralista que retoma os temas históricos da tolerância.

À primeira vista, a tradição da tolerância parece encontrar uma expressão completa no multiculturalismo atual. Mas é realmente assim? Pluralismo cultural e multiculturalismo podem realmente coincidir? As coisas não parecem ser tão simples. Uma sociedade multicultural pressupõe indiscutivelmente um lugar reconhecido como *uno* e *comum*. Por exemplo, quando nos perguntamos se a França poderá se tornar um país autenticamente multicultural, precisamos ter consciência de que fizemos uma *reductio ad unum* de fatores muito diferentes entre si: os franceses, seu território, e o modo como culturas diferentes podem conviver dentro daquele lugar definido. A tolerância multicultural é, portanto, equívoca e *interna* a um perímetro unificador, a um espaço social fechado (a França) que deixa viver e tolera, uma ao lado da outra, identidades, tradições e culturas entre si diferentes. Esse recinto é o Estado, que não é exatamente o primeiro amigo da liberdade de cultura, por se tratar de uma instituição que não respeita as leis, os costumes, as tradições que evoluíram espontaneamente ou as culturas legadas, mas que, ao contrário, tem por objetivo criar leis e impô-las a indivíduos e comunidades mediante seus próprios ministérios. Os programas de multiculturalismo obrigatório não fogem a essa regra.

Uma sociedade livre não é necessariamente multicultural. Por exemplo, uma cultura mestiça imposta a todos pelo Estado é algo bem diferente de um pluralismo étnico-cultural gerado por escolhas diferentes, individuais, associativas, comunitárias. E mais: multiculturalismo de Estado nada tem a ver com liberdade de cultura. O caráter autoritário dos sistemas políticos representativos modernos é confirmado quando o Estado assume para si toda identidade em nome do novo dogma multiculturalista, ao passo que não tem condições de garantir espaços de liberdade aos diversos sujeitos da sociedade civil, os quais, amiúde, não têm recursos e direitos suficientes para aventuras de invenção e inovação.

Mas o multiculturalismo obrigatório não é só um falso pluralismo: também é um equívoco cultural. De fato, ele torna absoluto o relativismo cultural, antepondo-o à cultura e ao pensamento. E o que resta de uma cultura sem um pensamento e uma hierarquia de valores? Sem eles a própria idéia de humanidade se extingue, em favor de uma retórica étnico-historicista ou culturalista que abre valas intransponíveis entre diferentes povos ou grupos. Como é possível, então, não enxergar que estamos no cerne de um paradoxo perfeito: a ingênua exaltação de histórias e tradições diferentes nos levou diretamente a uma homologação achatadora. A insistente retórica da diversidade cultural e de identidade traduziu-se num achatado igualitarismo.

De resto, se tudo é *semiótico* ou *sociológico*, isso significa que as relações entre os signos e os contextos prevalecem sobre a força, a intensidade, a grandeza do pensamento e da criação artística ou literária. Não é de espantar, portanto, que se estabeleçam comparações entre os comerciais de TV e os filmes de Charlie Chaplin, entre Van Gogh e os *naïfs*, e assim por diante. Parece, com efeito, que uma espécie de relativismo indiferente esteja se propagando, veiculado por extravagâncias dogmáticas, como as que aspiram a identidades fracas ou que registram a filosofia como serva de pesquisas hiperespecializadas que se fundamentam em modelos simplificadores, que reduzem tudo a epifenômeno da economia, da política, da psicologia, e assim por diante.

O relativismo multicultural fornece álibi a quem é indiferente à necessidade (e ao prazer) de pensar, ao dever moral de escolher. O poder público institui uma ordem cultural fundada no princípio de que "quem possui os meios também possui os fins". Com efeito, dispondo dos direitos e dos recursos dos cidadãos, ele consegue definir por vias legislativa e administrativa uma ordem social que *integra* opiniões e idealidades indiferentes. Uma cultura de Estado sempre é de Estado, seja ela multi ou monocultural. A liberdade de cultura, a tradição dos princípios de tolerância e um pluralismo que respeita as diversidades são radicalmente outra coisa que não a ideologia secular do Estado.

Pois é, a alteridade. Se, depois de termos lançado luz sobre as sombras inquietantes e as arriscadas simetrias do binômio tolerância/intolerância, considerarmos seu sentido como matriz de uma ética individual e das relações humanas (que na cultura da tolerância só tinha frágeis repercussões), então temos de nos confrontar, mesmo que em breve, com o pensamento de Emmanuel Lévinas.

Lévinas contesta radicalmente a ontologia, que na filosofia de derivação eleática foi — afirma ele — uma estratégia de anexação do Outro, uma filosofia do poder que levou à violência e ao domínio sobre o outro. No caminho da totalidade e do totalitarismo, Lévinas vê convergirem a violência teórica da ontologia, a violência prática sobre o homem e a intolerância para com o *diferente*. Não é nada casual, diz ele, que desde o início da história da filosofia a expressão de Heráclito — "O ser se revela ao pensamento filosófico como guerra" — tenha sido submetida a essa exigência.

O resultado de tudo isso, a supremacia do Idêntico sobre o Outro, fez sombra à transcendência. O primado da ontologia levou ao excessivo poder do Neutro e impediu toda verdadeira abertura ao Outro. Se isso é verdade, faz-se necessário, então, um rompimento explícito com o pensamento do Idêntico: rompimento que não se realiza com um gesto filosófico, mas no encontro com o Outro. Só o "*face a face*" entre os homens possibilita a superação da totalidade. O Outro é presença viva, que se auto-impõe: independentemente de qualquer atribuição de sentido e de qualquer contexto sociológico. Não se trata, portanto, de pensar o Outro, mas de abrir o próprio pensamento e a própria linguagem a um encontro além da dialética tradicional: um *encontro que não é comunhão, mas separação.*

Mas temos de nos perguntar: é possível imaginar uma relação de si para si que não seja um retorno a si, uma repatriação ao si, uma rendição à ilusão da identidade? E é possível um "despertar", um movimento copernicano, que torne a questionar a identidade e a deponha, exatamente como se depõe um rei? Claro, não é fácil.

Nessa tarefa, a psicanálise poderia ser uma considerável ajuda. No século XX ajudou-nos a desmascarar e denunciar o preconceito identitário, a livrar-nos de sua obsessão. A modernidade pretendera fazer coincidir a saúde mental com uma estrutura psíquica unitária, compacta e idêntica a si própria no tempo e no espaço (nesse esquema a loucura seria a irrupção da multiplicidade na unidade, a cisão, a fragmentação de uma estrutura que, justamente por ser unitária, percebe a multiplicidade como quebra e desordem). Mais tarde, com o auxílio da literatura, da arte e da filosofia, chegamos à consideração, para usar as palavras de Fernando Pessoa, que cada um de nós é uma "confederação" de *eus*. É isso, talvez desse ponto poderia ter início uma crítica do preconceito identitário. Que, reparem, diz respeito, também e sobretudo, ao "nós", breve e terrível palavra. Sim, porque a precariedade teórica e prática do "nós" é no mínimo tão forte quanto a precariedade do *eu*. Ocultá-la só nos levaria à construção e ao fingimento da identidade que, inevitavelmente, contrapomos ao outro.

Mas o outro chega inopinadamente, como um evento inesperado, imprevisto. Aqui está, um estrangeiro que bate à minha porta e perturba a paz de meu lar. Esse encontro — que tira dele alguma ilusão e de mim alguma frágil certeza — faz com que eu entre no seu mundo e ele no meu. Progressivamente, o incômodo inicial transforma-se em reconhecimento, a inquietude em reconciliação. Surge a pergunta: podemos dizer este encontro apelando às retóricas da hospitalidade? Os direitos do estrangeiro podem substituir os direitos do anfitrião? A hospitalidade implica uma reciprocidade que só se dá nos termos de um *dià-logos* que só existe enquanto for diálogo de ambos, com um *Terceiro* que nunca parecerá como tal. Não apenas, então, os "amigos" são um para o outro *xénoi*, isto é, estrangeiros, mas cada qual se define na própria relação com o Estrangeiro. Essa relação — que sempre é também *pòlemos* — só poderá adquirir uma luz comum desde que não se torne indiferença ou tolerância vazia; só se cada qual, no modo que lhe é próprio, voltar o olhar em direção à sua própria e inatingível luz. E é assim que a própria responsabilidade co-incidirá com a responsabilidade do outro. Para Massimo Cacciari, somente aquele que reconhece a natureza arbitrária da própria fé, dos próprios "dogmas" (reconhecendo-se então "devedor" para com qualquer outra fé e qualquer outro "dogma"); só quem reconhece a tentação dos próprios demônios; só quem acolhe sem julgar; só quem ouve, permanecendo obediente à busca de si; somente esse sujeito poderá surgir como a única representação possível do *theòs xénos*.

Nenhum "nós", nenhum "co-pertencer", nenhuma *communitas* pode se dar sem que seja entre os que, em absoluta responsabilidade, "amam afastar-se, separar-se". Esta é a única declinação possível do vínculo de recepção, a ligação de hospitalidade com quem realmente é estrangeiro, com quem permanece inalcançável. O escândalo que o estrangeiro expressa é como um *dom*, motivo inesgotável de interrogação e de doação de sentido.

Dois homens, cada qual com seu próprio caminho e sua própria meta, podem encontrar-se, sorrir, até celebrar festas em comum. Nunca parar. Nunca se reduzir ao idêntico. É no instante do reconhecimento que teremos de aprender novamente a nos separar, a partir em direção a terras e mares diferentes. Uma lei inexorável nos domina, sobranceira: sermos amigos ao sermos estrangeiros; estarmos sempre abertos à catástrofe da própria *xenía*, sabendo que nada garante a relação de *xenos* e *phílos*.

Talvez *xenía* seja o nome correto para amizade. A mesma amizade que fazia com que Nietzsche acreditasse que

> existe realmente uma extraordinária, invisível curva e órbita estelar, na qual nossos caminhos e metas tão diferentes poderiam estar incluídos, como se fossem exíguos trechos de caminho.

Na linguagem da Europa, tudo isso foi expresso com a máxima intensidade no símbolo do *theòs xénos*. Mas isso não tem a ver com a proteção que a divindade concede ao estrangeiro, a *philoxenía* do deus que encontrava em *Zeùs Xénios* sua expressão mais elevada (como também no *Deuteronômio*, 10, 18, Deus "ama o estrangeiro"). Tampouco com o gesto de vestir o nu, de repartir o pão com o faminto (*Isaias*, 58, 7; *Ezequiel*, 18, 7); de abrir as portas ao viandante (*Jó*, 31, 32). Aqui, Deus *Se* revela como estrangeiro: "Era *xénos*, e me acolhestes" (*Mateus*, 25, 35); era *hostis* e me hospedastes. Ele se apresenta como estrangeiro. Como diferente. Chama para ser reconhecido com esse aspecto, e não apesar dele. Ele se *re-vela*, mostrando-se justamente no aspecto do Outro.

O Evangelho é incansavelmente atravessado pela pergunta: *quem és Tu?* É o estrangeiro, o viandante, o exilado, que, todavia, hospeda e extrai de seu exílio a energia do hospedar. O outro é o enigma que me interpela e torna a questionar meu pensar. No encontro com aquele "tu" ímpar e as-simétrico, o Outro que chega inopinadamente não está ao alcance da mão. Seu estar no mundo não é erigir-se num fundamento. É ir ao encontro do *eu*, ingressando como irredutível diferença.

O estrangeiro que bateu à minha porta, então, perturbou a ordem de minha casa, não por seu gesto des-medido, mas pelo *infinito*, cujas ressonâncias em mim perturbam a ordem. A transcendência de seu "rosto" é "auto-significação por excelência", é anunciação de minha própria presença, o *pathos* de uma distância que se torna proximidade, embora proximidade inacessível. Nada a ver com as "categorias do político" ou com o poder. É evento traumático, irrupção concreta de uma

> presença outra — como disse Blanchot —, constituída pelos Outros, *inacessíveis, separados e tão distantes quanto o próprio Invisível*.

Solicitados pelo caminho que foi se constituindo, deixamos para trás a retórica da tolerância, a idéia de reconhecimento recíproco no *logos*, além da *egologia* da tradição filosófica ocidental, para empreendermos uma viagem (uma odisséia) que torna a percorrer o próprio desassossego e a própria saudade do retorno do herói sofredor,

> cuja aventura no mundo — escreve Lévinas —, não passou de um retorno à sua ilha natal, uma complacência no Mesmo e, portanto, um descaso pelo Outro.

O que resta da tolerância após essa viagem? Resta, acreditamos, a busca de uma verdade que não se pretenda pre-potente; que não seja *reductio ad unum*; que acolha — como nosso coração — toda forma; que contemple a "loucura" de uma viagem que, como pensava Lévinas, "*do Mesmo vai em direção ao Outro e que nunca volta ao Mesmo*". Do Uno ao múltiplo. Cuidado, porém! Multiplicidade não significa relativismo. Um diálogo será tanto mais autêntico quanto mais evidentes forem as diferenças: diferenças necessárias, que me identificam e me dizem que só posso estar com o outro com base nessas diferenças: diferenças que são a premissa para uma inversão da dependência e da heteronímia em autonomia absoluta.

É urgente, então, um pensamento radical, de conseqüências igualmente radicais; uma resolução ética, que subverta as categorias do "político". Não uma linguagem normativa ou um cálculo jurídico, mas uma extrema torção do sujeito, na incalculável obrigação de uma singularidade, sem a qual não haveria responsabilidade. Poderíamos defini-la como uma *ética da decisão* que envolva o ser e as relações fora de todo cálculo contingente. Mas isso significa, em primeiro lugar, livrar-se da obsessão do definitivo, de regras universais e abstratas.

A história moderna foi uma tentação permanente de racionalismo ideológico e de experiências governadas pelo rigor da dedução, da administração, da violência. Podemos realmente continuar a crer, depois de Auschwitz, dos Gulags e dos inúmeros pequenos holocaustos contemporâneos, que a convivência entre os homens possa ser confiada a novos iluminismos e às nobres aspirações kantianas de "paz perpétua"? Os desafios que temos pela frente nos solicitam, antes de mais nada, a manter viva a crítica à "totalidade" em suas diferentes declinações, a manter vivo o amor pelas complexidades culturais, científicas e filosóficas, em radical contraste com o simplismo brutal que caracteriza os monismos.

Que tenha atingido a política, a filosofia ou a ciência, o drama mais incorrigível do século XX foi o conflito entre o pensamento da pluralidade, de um lado, e os dogmas totalitários, de outro. Uma ordem totalitária — fundamentada na hegemonia de um partido, de uma classe, de uma nação ou de um sistema científico que seja — sempre será fundamentada no ódio pelas complexidades vivas, na destruição das minorias, na unificação forçada das diversidades, na nulificação dos indivíduos, no desprezo das vocações.

A tolerância teve e terá valor na história somente como *caminho do uno ao múltiplo*; da indiferença tolhida de responsabilidades a uma ética da decisão responsável; da obsessão de regras universais, abstratas e definitivas à complexidade como sentimento do viver humano.

COMPANHEIROS DE VIAGEM

ARENDT, H. *Le origini del totalitarismo*. Milão: Edizioni di comunità, 1997. Ed. brasileira: *Origens do totalitarismo*. Tradução de Roberto Raposo. São Paulo: Companhia das Letras, 2000.

BAINTON, R. H. *La Riforma protestante*. Turim: Einaudi, 1959.

_____. *La lotta per la libertà religiosa*. Bolonha: Il Mulino, 1963.

BERMAN, H. J. *Law and revolution: the formation of the Western legal tradition*. Cambridge: Cambridge Mass., 1993.

BLANCHOT, M. *L'infinito intrattenimento: scritti sull'insensato gioco di scrivere*. Turim: Einaudi, 1977. Ed. brasileira: *A conversa infinita*. Trad. Aurelio Guerra Neto. São Paulo: Escuta, 2001.

BLOOM, H. *Il canone occidentale*. Milão: CDE, 1996. Ed. brasileira: *O cânone ocidental*. Trad. Marcos Santarrita. Rio de Janeiro: Objetiva, 1995.

CACCIARI, M. *L'arcipelago*. Milão: Adelphi, 1997.

DUNN, J. *The political thought of John Locke*. Cambridge: Cambridge University Press, 1969.

ERASMO DE ROTTERDAM. *Sul libero arbitrio*. Prefácio de S. Quinzio. Pordenone: Edizioni Studio Tesi, 1989.

ESPINOSA, B. *Tractatus theologico-politicus*. Turim: Einaudi, 1975. Ed. brasileira: *Tratado teológico-político*. Trad., introd. e notas Diogo Pires Aurélio. São Paulo: Martins Fontes, 2003.

FAYE, J. P. "Tolleranza/intolleranza". In: *Enciclopedia Einaudi*, vol. 14. Turim: Einaudi, 1981.

FEYERABEND, P. *La scienza in una società libera*. Milão: Feltrinelli, 1981.

FINKIELKRAUT, A. *La défaite de la pensée*. Paris: Gallimard, 1987. Ed. brasileira: *A derrota do pensamento*. Trad. Monica Campos de Almeida. São Paulo: Paz e Terra, 1988.

FRIEDRICH, C. J. *Giustizia e trascendenza. Le dimensioni religiose del costituzionalismo*. Roma: Gangemi, 1998.

JEDIN, H. *Riforma cattolica o Controriforma?: tentativo di chiarimento dei concetti con riflessioni sul Concilio di Trento*. Brescia: Morcelliana, 1957.

LÉVINAS, E. *Totalità e infinito: saggio sull'esteriorità*. Milão: Jaca Book, 1996.

_____. *Umanesimo dell'altro uomo*. Gênova: Il Melangolo, 1985. Ed. brasileira: *Humanismo do outro homem*. Trad. Pergentino S. Pivatto. Petrópolis: Vozes, 1993.

_____. *Altrimenti che essere o al di là dell'essenza*. Milão: Jaca Book, 1995.

_____. *Di Dio che viene all'idea*. Milão: Jaca Book, 1997. Ed. brasileira: *De Deus que vem à idéia*. Trad. Pergentino S. Pivatto. Petrópolis: Vozes, 2002.

_____. *Nell'ora delle nazioni: letture talmudiche e scritti filosoficopolitici*. Org. Silvano Facioni. Milão: Jaca Book, 2000.

LOCKE, J. *Two treatises of government*. Londres: Churchill, 1690.

_____. *Epistola de Tolerantia*. Oxford: Clarendon, 1968. Ed. portuguesa: *Carta sobre a tolerância*. Lisboa: Edições 70, 1965.

_____. *Scritti editi e inediti sulla tolleranza*. Turim: Einaudi, 1961.

MACPHERSON, C. B. *The political theory of possessive individualism: Hobbes to Locke*. Oxford: Oxford University Press, 1962.

MALDONATO, M. *Dal Sinai alla rivoluzione cibernetica*. Nápoles: Guida Editore, 2002.

MICHELET, J. *Histoire de la Révolution Francaise*. Paris: Gallimard, 1847-53; Novara, 1969.

MONTAIGNE, M. de. *Essais*. Paris 1598. Org. Fausta Garavini; com ensaio de Sergio Solmi. Milão: Adelphi, 1992. Ed. brasileira: *Os ensaios*. Trad. Rosemary C. Abilio. 2 vols. São Paulo: Martins Fontes, 2000.

MORIN, E. *Il metodo*. Milão: Feltrinelli, 1983. Ed. brasileira: *O método*, vol. III. Trad. Juremir Machado da Silva. Porto Alegre: Sulina, 1999.

NIETZSCHE, F. *La gaia scienza*. In: *Opere complete*, vol. V, t. II. Milão: Adelphi, 1991, "Amicizie stellari". Ed. brasileira: *A gaia ciência*. Trad., notas e posfácio Paulo César de Souza. São Paulo: Companhia das Letras, 2001.

QUINZIO, S. *Radici ebraiche del moderno*. Milão: Adelphi, 1990.

_____. *Prefazione* a ERASMO DE ROTTERDAM. *Sul libero arbitrio*. Pordenone: Edizioni Studio Tesi, 1989.

RITTER, G. *La Riforma e la sua azione mondiale*. Florença: Vallecchi, 1963.

ROMILLY, J. E. "Tolérance". In: *Encyclopédie, ou Dictionnaire raisonné des sciences, des arts et des métiers, par une société de gens de lettres*. Paris, 1751 65, pp. 390-5; ed. italiana: Bari, 1968, pp. 900-16.

SEVERINO, E. *Legge e caso*. Milão: Adelphi, 1979.

STRAUSS, L. *Diritto naturale e storia*. Gênova: Il Melangolo, 1990.

_____. *Gerusalemme e Atene: studi sul pensiero politico dell'Occidente*. Turim: Einaudi, 1998.

STUART MILL, J. *Saggio sulla libertà*. Milão: Mondadori, 1982. Edição brasileira: *Sobre a liberdade*. Trad. e prefácio Alberto da Rocha Barros. 2ª ed. Petrópolis: Vozes, 1991.

THE NEW CAMBRIDGE MODERN HISTORY, ed. italiana, vol. III. Milão, 1967.

VOLTAIRE. *Traité sur la tolérance*. Genebra: Éditions du Cheval Ailé, 1763; reimpressão de 1948. Ed. brasileira: *Tratado sobre a tolerância: a propósito da morte de Jean Calas*. Trad. Paulo Neves. São Paulo: Martins Fontes, 1993.

_____. *Dictionnaire philosophique portatif*. Genebra, 1764.

WEBER, M. *L'etica protestante e lo "spirito" del capitalismo*. Florença: Sansoni, 1965. Ed. brasileira: *A ética protestante e o espírito do capitalismo*. Trad. M. Irene Szmrecsányi e Tamás Szmrecsányi. São Paulo: Pioneira, 1999.

Uma epistemologia interior

> Raramente se compreende que nunca é por desespero que um homem abandona o que constituía sua vida. Desespero e cabeçadas levam a outras vidas e só apontam um fremente apego às lições da terra. Mas a um certo grau de lucidez, pode acontecer que um homem sinta seu coração fechado e, sem revolta nem reivindicação, volte as costas ao que até então havia tomado por sua própria vida, ou seja, a própria agitação. Se Rimbaud acaba na Abissínia sem ter escrito uma única linha, não é por gosto de aventura nem por renúncia de escritor. É "porque é assim", e em certas extremidades da consciência acabamos admitindo o que todos nos esforçamos para não compreender, conforme a nossa vocação. Sentimos que agora é questão de empreender a geografia de um certo deserto. Mas esse deserto singular é sensível apenas aos que são capazes de nele viver sem nunca enganar a própria sede. Então, e só então, ele se povoa das águas vivas da felicidade.
>
> *Albert Camus*

Uma autobiografia é um experimento de resultados inevitavelmente incertos. Não há estrelas para aclarar o caminho e o impulso da vida é muito forte para que uma anamnese, mesmo a mais cuidadosa, possa restabelecer o seu sentido. Como poderíamos formar uma opinião definitiva sobre nós mesmos, se falta um ponto fora de nós desde o qual possamos nos observar e contar? Só podemos contar uma história. A nossa história. Que afinal é a história de uma viagem *psíquica* que só conhecemos e decidimos em parte. Isso já bastaria para nos dissuadir de julgamentos definitivos sobre nós mesmos e as coisas.

A tarefa que nos demos, portanto, não é nada simples. Se o fosse, significaria que nossa vida nos pareceria clara. Mas não é assim. Nunca sabemos como as coisas ocorreram de fato e, sobretudo, em que direção estamos indo. A história de um homem começa de um ponto qualquer, lembrado por acaso, e já naquele ponto a vida era bastante complexa. Talvez pudéssemos pensar a vida como uma viagem sem cartas de navegação. Sem um início, e em vista de metas nada garantidas.

Por vezes essa viagem nos reserva fatos inéditos e surpreendentes.

Ainda era um jovem estudante de medicina quando um pequeno evento, aparentemente irrelevante, provocou uma mudança profunda em minha vida intelectual. Até aquele momento havia me preparado para pensar, agora era questão de começar de fato a pensar. Algo me chamava para fora da contabilidade formal de minha existência, suspendendo os afãs lógico-discursivos que haviam me guiado por aqueles territórios da mente, cujos circuitos, reações, limiares tinha tentado medir minuciosamente, designando a cada um deles seu próprio lugar. Certo dia, numa biblioteca austera onde costumava me refugiar para me furtar aos ruídos do mundo e tentar pensamentos incondicionados, minha atenção foi atraída por um livro, cujas páginas amareladas pelo tempo traziam algumas notas à margem. Não lembro quem era o autor, nem o título ou o ano de edição. Não me lembro de nada. Lembro apenas — isso sim com clareza — da anedota que ali se contava:

> Numa tarde de outono do começo do século, de um ano indeterminado, por uma trilha nos Alpes suíços, em direção a um distraído viajante que trazia um pequeno livro debaixo do braço, vinham vindo dois senhores distintos. O insólito encontro levou os dois a desacelerarem o passo. Depois de algumas frases sobre o tempo, assim como convém entre desconhecidos, o mais idoso dos dois perguntou ao viajante, com expressão severa: "De onde veio?"; poucos instantes depois, o mais jovem, com o olhar que superava os declives da paisagem alpina, perguntou-lhe: "Para onde vai?"...

A narração prosseguia. Mas eu parei ali. A segunda pergunta tivera sobre mim um efeito de estranhamento. Três simples palavras — "Para onde vai?" — tinham dito o que eu não soubera dizer nas tantas notas de meu insatisfeito "diário de bordo". Reconhecia-me ali a tal ponto que aquela pergunta me solicitava a iniciar a viagem em direção a um mistério, como nenhuma das minhas mil interrogações soubera fazer. Se a primeira pergunta-metáfora (aquele "De onde veio?" que traía o interesse preponderante de Freud pelas causas das dinâmicas psíquicas) não havia solicitado em mim nenhuma curiosidade, a segunda (aquele "Para onde vai?" que revelava as surpreendentes aberturas teóricas de Carl Gustav Jung) de repente levou minhas inquietudes a uma encruzilhada.

Abria-se um espaço de ressonâncias perturbantes, cujos mapas ignorava, e que se colocava fora de qualquer jurisdição burocrática e disciplinar. Sentia fortemente o convite para a viagem, mas sabia também que só poderia empreendê-la se me despedisse, sem hesitações, de tudo o que eu supunha conhecer. Diante desse *Aberto* nenhuma pergunta estava anulada, mas tudo se transformava nas etapas de uma viagem por entre idéias, fatos, experiências surpreendentes. Uma exigência irracional me interpelava, tornando a questionar tudo, sem quase nunca responder; por vezes respondendo, mas sem nunca concluir.

Não tinha uma filosofia, se por filosofia entendemos um conjunto de princípios ou uma postura de fundo imutável. Nem sequer uma teoria, se por teoria entendemos um conhecimento mutável, de conteúdo nunca igual a si mesmo. Tinha, sobretudo, uma visão das coisas próximas, embora não linear e exposta a contínuas transformações. O que eu conhecia vivia aquém da fronteira com uma *regio ignota*, que não era um manancial imediato de experiência, nem uma fonte direta de conhecimento, mas algo imaginal, esvaecente, inapreensível. A única certeza era a incerteza causada pelo êxodo de tudo o que era conhecido, familiar, experimentado.

Já era tarde para voltar atrás. Aquele estranhamento já se

tornara pátria. Adentrei assim um horizonte móvel, cujas oscilações não podia medir. Tampouco podia elaborar algum prognóstico sobre meu por-vir intelectual. Qual, aliás? Estava ultrapassando os limites de meu tempo, de minha vida, de meu conhecimento, e percebia a inutilidade de meus "instrumentos de trabalho" (categorias de diagnóstico, procedimentos padronizados de inclusão e exclusão etc.). Embora elegantes e sofisticados, esses instrumentos neutralizavam toda variável imprevista do comportamento (normal e patológico) e aproximavam do zero o interesse "científico" pelo homem. Perguntava-me: mesmo admitindo que violaria aquela fronteira, que sentido teria isso? Que orlas eu ganharia? Como é evidente, as perguntas se multiplicavam. Mas eu já habitava aquele limite.

Em minha prática diária de psicopatologista tinha encontrado amiúde o limite: nas formas de personalidades *borderline*, de experiências-limite, de consciências-outras, de sombras crepusculares da onirofrenia. Sempre me parecera uma *última Thule*, uma terra para além da qual um viajante não pode se aventurar, um pensador não pode ir, uma epidemia não pode se disseminar, um valor não pode se realizar. Tinha claro, e em elevadíssima consideração, o perigo inerente à abolição do limite. Apesar disso, aqueles eventos, aquelas experiências, aquelas palavras, aqueles corpos — que eu conhecera em sua perfeita exterioridade — pareciam-me agora distantes. Minhas esmeradas noções sobre o homem pareciam em atraso com relação aos eventos. Os próprios eventos se tornavam o limite no qual o pensamento ia se quebrar: como uma onda exausta, um eco tardio. Já não poderia regressar a lugares conhecidos. Minha experiência do mundo estava se transformando e, com ela, o modo de conhecê-lo. O limite que desde sempre marcara o *aquém* de uma paisagem familiar deixava vislumbrar espaços ilimitados, múltiplos. Como o barão de Münchhausen, estava experimentando a impossibilidade de levantar a mim mesmo (teoricamente) puxando-me pelo colarinho do casaco (meu próprio conhecimento). Por outro lado, era impossível, mesmo querendo, fazer outra coisa senão partir de mim mesmo, apanhar-me no jogo liminar do golpe e do contragolpe. Poderia talvez evitar o exercício do qual (e em virtude do qual) minha experiência tinha lugar, furtando-me àquelas leis que por tanto tempo compartilhara? E, afinal, aquele limite que estava experimentando não remetia a um limite ulterior? De resto, como podemos nos mover por um limite a partir de um limite? Um limite que, além do mais, se mostra escapando de si próprio e escapa mostrando-se? As duas coisas, com efeito, são uma só, como o jogo da luz e da sombra.

Naturalmente, a questão não era perseguir o limite por uma linha horizontal, "de soleira em soleira", como diria poeticamente Paul Cclan. A questão era permanecer na oscilação do limite, em sua vibração interna, em seu propor-se e tornar a propor-se, sempre de novo, porque sempre levamos um novo solavanco, para aquém dele, no ponto de sua insistência sobre si e, por isso, de sua difração de si, que é, afinal, nossa difração de nós próprios. Por isso, toda fenomenologia — na medida em que é fenomenologia do limite — habita o limite da própria fenomenologia, o limite de toda fenomenologia.

A partir dessas considerações minha busca começava a assumir um perfil concomitantemente unitário e plural. Embora ela tivesse surgido de uma única interrogação, os caminhos que se abriam diante de mim não cram nem unívocos, nem lineares. Não raro, minha sensação era a de estar numa daquelas trilhas de montanha em que, para prosseguirmos em direção ao topo, somos obrigados a tentar inúmeras vezes, tantas quantos forem os indícios e os aparentes desvios dos quais se compõe uma trilha que não seja a que percorre apenas caminhos já muito batidos. Abandonando a metáfora, significava voltar mais vezes sobre algumas questões, de perspectivas diferentes. Nas longas andanças pelos livros, os fragmentos, os códigos com os quais me deparava pareciam abrir novos caminhos, logo perdidos em favor de novos encontros.

Decisivo foi o encontro com o pensamento de Edgar Morin. A "teoria da complexidade" — com seus princípios *dialógico*, *recursivo*, *hologramático*, e mais — devolvia-me uma chave de leitura para cruzar aqueles territórios bioculturais onde as disciplinas isoladas, em suas artificiosas delimitações, se mostravam amplamente insuficientes. Com uma nova consciência, preparava-me para me despedir dos áridos territórios do reducionismo.

Minha fé numa pesquisa aberta e plural levava-me, inevitavelmente — disso eu tinha consciência —, a abrir mão das sugestões e das vantagens de uma rápida carreira acadêmica. Dar tudo no presente, explorar livremente os territórios do conhecimento, andar no perigoso equilíbrio entre espiritualidade e paixão pelo mundo é coisa que cobra um preço alto. Além disso, do conhecimento e da multiplicidade de suas paisagens, eu me aproximava pelas paredes mais inóspitas, mantendo distância dos fundamentos consagrados do cientificismo e de seus alentadores dicionários de reconhecimento.

Percebia que estava relativizando tanto a noção de experiência como a de teoria, a ponto de introduzir, em meus gestos cognitivos, aqueles métodos não científicos que encontrara em minhas peregrinações por outras culturas. No entanto, nunca sofri o fascínio do irracionalismo ou do desconstrucionismo científico *tout court*. Ao contrário. Tinha tomado o caminho de uma racionalidade aberta, com perfeita consciência de que uma coisa é o rigor da elaboração técnico-científica, outra é o que se deu concretamente na história da ciência. Esta, de fato, segue adiante, como um rio em direção à foz, enriquecendo-se de racionalismos, propaganda e visões de mundo freqüentemente diferentes entre si.

Penso que falar de racionalidade, não importa como a entendamos, só tem sentido a partir de sua sombra, de sua dimensão irredutível à luz: ou seja, a partir da ausência de fundamento e dos vazios que ela, ingenuamente, acredita preencher. Diz poeticamente Majid El Houssi:

> Se o círculo fosse a infinita angústia do ponto, seria um
> punhado de séculos de cantos rezados à sombra, de enigmas

apresentados, discutidos, atravessados, floridos, alimentados por símbolos, por imagens de gritos, de lembranças...

A ciência — não o cientificismo, que dela é uma representação caricatural — é um território indeciso e instável. Não tem sentido tentar equilibrar e estabilizar as "indeterminações" constitutivas dentro de sistemas invariáveis. Trata-se, antes, de provocar, exatamente a partir desse horizonte incerto, uma *subversão criadora*, que rompa com as pretensões epistemológicas de um *eu* unitário, coerente e permanente no tempo.

Seria falta de originalidade explicar essa virada cognitiva como uma tentativa de definir de algum outro modo uma prática científica. Claro, anos de estudo tinham me treinado a uma atenta vigilância dos modos e das práticas do conhecimento, sobretudo a desconfiar das simplificações teóricas e empíricas, como, por exemplo, a de decompor os procedimentos da ciência para desmascarar suas contradições e seus procedimentos internos de exclusão. Um novo início só poderia acontecer às raias do conhecimento. Uma paisagem se revela quando as pretensões de corresponder à verdade deixam espaço ao *desvio* — em muitos sentidos inconhecível — entre nós mesmos e a realidade, ou, se quisermos, entre eu e mundo.

Diante das tantas aporias da filosofia e da ciência modernas, que tentaram recompor no Uno sujeito e objeto, espírito e matéria (mesmo quando, com Descartes, pareciam querer distingui-los), hoje parece possível recomeçar justamente das assimetrias, da multiplicidade e do caráter contraditório do *eu* e do mundo.

Claro, permanece totalmente em aberto o problema de qual discurso seria possível fora dos especialismos em que o cientismo confinou o conhecimento do humano. Como, também, permanece em aberto o problema de como tornar a juntar o que tinha sido dividido, ou seja, ciência e filosofia. Com efeito, é perfeitamente ilusório tentar compreender o mundo com base em fundamentos indiscutíveis; de um *eu* que pretende descrever o mundo sem dele tomar parte ou sem dizer nada de si próprio; de um *eu* que continua a encenar aquele *teatro da subjetividade autocentrada* que segregou as multiplicidades através de um olho que observa, descreve, cataloga, exclui. Aliás, não foram esses paradigmas, essas arquiteturas conceituais, esses instrumentos (os sistemas axiomáticos, a demarcação dos limites do dizível, os critérios de significação, o normativismo dos procedimentos, o convencionalismo epistemológico, e muito mais) a permitir que o cientismo conseguisse os próprios objetivos?

Agora que o declínio da epistemologia clássica da *unidade-identidade-totalidade* (em tantos fragmentos quantos são os pontos de vista das diversas disciplinas) se mostra em toda sua clareza, torna-se mais urgente deixar os convencionalismos formalizados e estrear uma linguagem divergente, um movimento copernicano capaz de resgatar o conhecimento (e a existência) das restrições a que a *geometria das paixões* e seu reducionismo naturalista submeteram a experiência e o conhecimento humanos.

Tem de originar-se aqui um pensamento que se importe com a esperança de uma ciência capaz de superar suas próprias fronteiras tradicionais. Mas isso só será alcançado se soubermos questionar o fetiche metafísico da ciência: o fato, o estatuto conceitual do fato. A ciência não tenta, desde sempre, fazer com que teorias e fatos co-incidam? Os fatos, porém, nada mais são que produtos históricos, estratificações ideológicas e míticas, sedimentadas no tempo, não raro ligadas a exigências puramente formais. Todavia, foi sobre os fatos que a epistemologia clássica erigiu seus próprios procedimentos, sua própria pureza, sua própria pretensão de neutralidade. Sobre tudo isso, hoje, alastra-se a sombra de um ceticismo e de uma desconfiança que ameaçam dar novo vigor às inúmeras formas de irracionalismo e obscurantismo que atravessam o mundo contemporâneo.

É preciso dizer então, com clareza, que uma observação pura não só é altamente improvável, mas chega a ser sem sentido. Para conhecer é necessário que tendamos a um olhar ontológico, como o das crianças. Todo cientista tem de experimentar a emoção do estreante, assim como é necessário sermos conscientes de que "os dados imediatos da consciência", ou, se quisermos, os dados sensoriais, não são nem certos nem absolutos. São, ao contrário, suscetíveis de interpretações, conforme as perspectivas teóricas em que o pesquisador se move.

Não podemos nos iludir. Não existe uma observação pura. Todas as nossas asserções são teóricas, e a grande maioria dos fenômenos existe independentemente de nossa capacidade de percebê-los. De uma teoria, seria preciso julgar, antes, a capacidade de relacionar-se com os fatos, e não a de corresponder abstratamente a eles. Seria essa a comprovação de sua confiabilidade, embora isso signifique admitir a possibilidade de uma ciência sem experiência.

Até hoje nenhuma teoria da ciência conseguiu harmonizar os fenômenos do universo que descreve. Não existem leis em condições de eliminar as assimetrias de um sistema. As que os epistemólogos de ontem consideravam improváveis conjeturas, hoje são teorias largamente aceitas. Basta pensar, por exemplo, na teoria galileana. De início parecia contrastar com todos os paradigmas científicos dominantes. Hoje, só novas e perturbadoras evidências poderiam tornar a questionar os seus fundamentos, de tal forma que um novo paradigma pudesse substituir o anterior.

Tudo isso não é de surpreender. Novas teorias não raro nascem diversamente, paralelamente, ou por caminhos diferentes daqueles dos programas de pesquisa de uma comunidade científica. Por vezes até contra as prescrições metodológicas e de procedimentos de determinados projetos de pesquisa.

A ciência tem uma gramática criativa própria, que não pode ser entregue a funcionários do pensamento. A maior limitação para a ciência é tentar penetrar os mistérios aplicando sistemas de enunciados logicamente preordenados que excluem toda des-ordem e dissimetria. Mas *a realidade* não só *nunca é racional*: também é constituída de dissimetrias. O esforço para fazer com que o pluriverso do mundo caiba no universo de princípios lógicos e universalmente validos é, portanto, inútil. O mais alto dever de um cientista é o de cruzar fronteiras e limites e, uma vez ultrapassada a linha, perceber que tudo o que tinha visto, de repente, se tornou menor. Ultrapassar aquela linha significa violar o limite que divide o velho mundo de um mundo novo.

Claro, isso é freqüentemente censurado e não raro eliminado. Todavia, para além daquela linha, lugar do ocaso das velhas representações, abre-se um espaço imenso, livre de regras e leis, desprovido de prescrições jurídicas, de soberanias, de legislações territoriais (aqui muitas outras imagens poderiam nos socorrer), onde podem surgir novos olhares, novas descobertas, novas fronteiras do conhecimento. O que mais seria a verdade em direção à qual a ciência está constantemente a caminho, a não ser aquilo que se nos subtrai assim que está ao nosso alcance? A ciência, como Lakatos pensava, sempre será um processo histórico atormentado e diferenciado, e, concomitantemente, possibilidade, dúvida, incerteza. Nunca, no entanto, conquista de lugares estáveis, seguros.

Por mais que com certa freqüência tenha a ver com pura abstração, a ciência não vive num mundo ideal no qual alguém pode cultivar as ilusões de um conhecimento puro, totalmente separado da realidade. Por outro lado, o problema da ciência tampouco é o de verificar a conformidade entre regras e procedimentos abstratos e as práticas de pesquisa. Sua tarefa principal é falar da fronteira entre natureza e cultura: aquela fronteira *naturalmente cultural*, que é uma fronteira da sombra (ou, se quisermos, uma sombra da fronteira), sabendo que pensar a fronteira significa *pensar no limite*, ou seja, para além da linha que demarca a fronteira. O que não significa colocar-se além ou aquém da linha, mas sobre aquela linha, no pico que conserva as duas vertentes unidas e separadas.

Mas, se a fronteira não é uma linha de fechamento, nem mesmo um simples lugar de trânsito, só pode ser uma coisa e a outra também. Isso aumenta a incerteza. E então será oportuno ficarmos sentados o menos possível, não dar crédito a nossos pensamentos, a nossas certezas. Em *Fragmentos póstumos*, Nietzsche alerta para que não nos fiemos dos pensamentos que não tenham surgido ao ar livre e em movimento:

> Não somos dos que só conseguem pensar em meio aos livros, sob o choque dos livros — é nosso hábito firme pensar ao ar livre, caminhando, pulando, subindo, dançando, de preferência sobre montanhas solitárias ou à beira-mar, onde os próprios caminhos vão se tornando meditabundos. Nossas primeiras questões de valor, com relação a livros, homens e música, são desse teor: "Tem condições de caminhar? E, mais ainda, de dançar?".

Por esses "caminhos meditabundos", observando e anotando, descobriremos que no mundo das evidências naturais nenhuma lei é verdadeira por si, e não é automático que um fato (que da observação é produto) refute por si mesmo uma teoria. Por isso a pretensão de que só as teorias correntes sejam plausíveis se fundamenta numa lógica altamente improvável. A ciência contemporânea constitui-se de regularidades cuja ordem não é euclidiana e muito menos exata. Como disse Dumézil:

> O *matemático moderno dá ao clássico a consciência de Sísifo*: em vez de iterar teorias particulares, expressam-se teorias polivalentes.

O cientista deve evitar ao máximo as cercas e as fechaduras das especializações, porque, diria Musil, elas fazem soprar "vento de morte sobre os campos do espírito". O pensamento científico (e filosófico) contemporâneo deveria declinar-se como uma espécie de "estruturalismo nômade", um trânsito dos números e das figuras geométricas às formas sociais. A direção em que temos de ir brota de nosso círculo interno, da liberdade de uma resolução ética que precede qualquer outro interesse.

É tempo de conhecimento e prática científicas se libertarem da obsessão da clareza, da linearidade e da idéia de evolução que segue e procede por percursos e visões preestabelecidas. Necessitamos de uma intelecção múltipla, relacionada, que nos faça olhar para a ciência e para o mundo sem o efeito de distorção de metodologias ingênuas e de classificações que se nos deixam à vontade, por um lado, por outro nos afastam do conhecimento das coisas.

As ciências situam tudo num tempo e num espaço ordenados. Mas isso se dá como se soubéssemos o que são espaço e tempo. Trata-se de um equívoco evidente. Bastam alguns simples exercícios de perplexidade sobre a paisagem das ciências contemporâneas para vislumbrar — tomando as belas imagens de Michel Serres — arquipélagos e ilhas disseminadas e de margens recortadas; e rachaduras, fiordes, icebergs de racionalidade cujas conexões não são fáceis nem evidentes. Entre eles, nenhuma hierarquia. Nenhuma autoridade. Nenhuma forma de conhecimento é superior a outra. A única hierarquia está nos valores e nos ímpetos de liberdade que esses mesmos valores alimentam.

Conhecer significa, não raro, responder a determinadas expectativas: expectativas que variam com o variar das épocas, das sociedades, dos valores individuais. Essas orientações de fundo — é claro — sustentam a idéia de racionalidade. Mas, se isso é verdade, não há nada mais irracional do que uma idéia monolítica de racionalidade. É hilária a idéia de que uma tradição possa julgar do alto outra tradição. Não há nenhuma plausibilidade na pretensão de que os critérios de racionalidade, os julgamentos e as normas expressas irrefutavelmente pelos guardiões do "Método" admitam ou excluam as teorias e os programas de pesquisa dos "não-observantes".

Se não quisermos desvirtuar ainda mais nosso dever intelectual, é preciso sair da interminável aporia de um pensamento que reduz tudo a coisas isoláveis, definíveis, domináveis. Mas isso significa também abandonar a pretensão de raspar a superfície das coisas. A verdade não emerge da tentativa de fazer o pensamento corresponder às coisas. Se estivermos realmente interessados na verdade, mais que procurá-la à plena luz, temos de tentar alcançá-la ali, naquela zona em que luz e sombra se encontram, submetendo-nos a todo seu efeito perturbador. Isso tem de solicitar a transformação de nossa postura de fundo. É necessário então retomar o discurso exatamente onde Borges o deixou, quando afirmou que "a luz não conhece contrário, sobretudo, a noite não é seu contrário". Se a luz não tem contrário, e se este não é a sombra, significa então que o pensamento não pode se negar como pensamento, e que o pensamento da sombra sempre é uma luz dissimulada. Mas, se nunca se escapa do dia, podemos nos apropriar daquela luminosidade paradoxal, que se alimenta e se torna claridade precisamente ali onde parece ter de extinguir-se.

Nessa soleira, despida de seu caráter progressivo, a evolução do conhecimento carrega-se de novos significados. A extrema complexidade da evolução do cérebro torna evidente, em termos mais gerais, quanto é problemática a idéia de ciência. Mas esclarece, ainda mais, toda a dificuldade teórica de uma "síntese" mítica de todos os conhecimentos humanos, bem como a importância de manter-se à distância das derivas das divisões estanques do saber. Se isso é verdade, também as hipóteses de irremediáveis "rupturas epistemológicas" nos parecem aqui contrárias a toda evidência. Há, decerto, diferenças de método, de instrumentação, de discursos teóricos entre as disciplinas. Ainda assim a continuidade dos saberes é real. Do átomo à molécula, da molécula à célula, o caminho da ciência não tem fronteiras, e sua bússola é o pensamento da complexidade.

Passagens para noroeste

> De início eu sofrera por receio de estar louco; com o tempo acho que teria preferido estar louco, já que minha alucinação pessoal importaria menos do que a prova de que no universo está contida a desordem.
>
> *Jorge Luis Borges*

Os dogmas cientificistas talvez representem a herança mais onerosa da modernidade. Mais invasivos que os dogmas religiosos, com freqüência alimentaram um racionalismo prepotente e desmedido (uma *hybris* da razão) que pretendeu explicar tudo, rechaçando para a margem os inúmeros aspectos não racionalizáveis da vida humana: instintos, pulsões, angústias, sentimentos, paixões. Na tentativa de replasmar a realidade mediante estratégias de engenharia social, o racional-construtivismo, no entanto, muitas vezes se transformou numa *heterogênese das finalidades*, cujos efeitos foram falimentares ou destrutivos.

No século XX, muitas descobertas confutaram e falsificaram as pretensões e os abusos do cientificismo. Aliás, freqüentemente as metodologias científicas mais criativas e flexíveis forneceram altíssimos exemplos de moralidade, prontidão à mudança, busca da verdade como finalidade e não como meio. O homem não é, nem nunca será, o deus diante do qual outro homem tem de se ajoelhar. Nenhum homem jamais será onisciente, e isso vale, antes de tudo, para os cientistas.

Essa talvez seja a mais relevante lição decorrente das descobertas e das controvérsias da epistemologia contemporânea. Basta pensar no falibilismo e no racionalismo crítico de Karl

Popper, na virada epistemológica pós-positivista nas visões de Thomas Kuhn (a estrutura da revolução científica), de Imre Lakatos (a metodologia dos programas de pesquisa), de Paul K. Feyerabend (o anarquismo metodológico), de Edgar Morin (a complexidade) — teorias divergentes em linhas de pesquisa mas convergentes ao criarem um clima de pluralismo teórico oposto a todo monismo. Com diferentes ênfases, cada uma delas mostrou que a descoberta científica se sustenta, de um lado, numa ignorância consciente e, de outro, no controle dos limites da razão. Nessa consciência, nesse saber que não sabemos nada de absolutamente certo é que reside a sabedoria da tradição que de Sócrates chega até Popper.

Se o *sábio* (o filósofo-político) de Platão é "aquele que sabe distinguir entre o bem e o mal", o *sábio* de Sócrates é "aquele que sabe que não sabe" e conhece os limites e os erros gerados pelo conhecimento. Em outras palavras, o problema da ignorância em âmbito científico não é menos importante, fascinante ou problemático do que em âmbito filosófico. O cientista Heinz von Foerster enfrenta a questão de modo original:

> O que distingue um cientista de um não-cientista é o fato que o primeiro confessa imediatamente a própria ignorância. Com base nela é que surge seu desejo de conhecer. Se ele soubesse tudo não se colocaria nenhuma pergunta, não daria início a nenhuma pesquisa.

Von Foerster considera insuficiente a clássica afirmação socrática "sei que não sei", já que ela ainda permanece dentro do campo de forças do conhecimento. Afirmando "não sabia que não sabia", ele levanta a questão de uma *ignorância de segundo grau*, ou seja, a do ponto cego em relação ao qual enxergar todo o resto: uma região na qual não enxergamos, sem saber que não enxergamos. Uma região cuja clarificação permanece inacessível pelo caminho das meras conceitualizações. Estas, com efeito, se por um lado nos dão a ilusão de que esclarecemos a realidade, por outro nos afastam de nosso problema fundamental (o de não enxergar), piorando, de fato, nossa capacidade de conhecer.

O progresso científico dos últimos cinqüenta anos evidenciou alguns limites fundamentais de nossa capacidade de autocompreensão. Kurt Gödel, especialmente, mostrou a impossibilidade de captarmos a coerência e a completude de um sistema formal no interior desse mesmo sistema. A esse propósito, Von Foester objetou que

> o princípio de Gödel só pode ser aplicado aos sistemas estritamente formais, mas nem sempre estamos inseridos em um sistema formal, não seguimos em monólogo, como faz um sistema formal, somos animais dialógicos. O problema é semântico e não sintático, e podemos demonstrar que o princípio de Gödel não pode ser aplicado a um universo semântico.

O cientista concentra a própria atenção em questões-limite, amiúde ininteligíveis e imprevisíveis, que excedem o âmbito lógico-filosófico resvalando para o metafísico. Isso acontece quando tomamos decisões sobre questões que, em princípio, são indecidíveis. Ao contrário, as questões decidíveis dependem de regras que conhecemos. Ainda assim, mesmo estas, no âmbito de certas regras, apresentam regiões indecidíveis. Em outras palavras, mesmo problemas em aparência evidentes permanecem não conceitualizáveis. Perguntar-se, por exemplo, como o universo teria sido gerado é problema que permanece indecidível, pois a gangorra dialética das hipóteses e das contra-hipóteses deixa a questão totalmente sem respostas, e nenhuma virtude do intelecto vai nos ajudar a resolvê-la. Que fique claro: não que não haja hipóteses plausíveis, nas teorias ou nas narrações sobre as origens do universo. Falta, porém, uma resposta estável, unívoca.

> Em minha opinião — afirma Von Foester —, só podemos decidir as questões indecidíveis, porque as decidíveis já foram decididas com base em algumas regras.

Aqui se esclarece uma preocupação epistemológica fundamental: como respondemos à pergunta "representar o mundo" ou "construir um mundo"? Ou seja, a fonte primária de nosso conhecimento é dada pela experiência, e o mundo é uma conseqüência sua? Ou então a fonte primária é o mundo, e a experiência é uma conseqüência sua? Como é evidente, séculos depois da controvérsia entre Hume e Berkeley, não chegamos a respostas unívocas. Cabe a nós decidirmos.

Bartley afirmou, paradoxalmente:

> De Popper apreendi que quando digo alguma coisa não sei *propriamente* o que digo; de Hayek apreendi que, quando faço alguma coisa, não sei *propriamente* o que faço.

Se o que ele afirma é verdade, quando dizemos alguma coisa, ante as infinitas conseqüências de nossa teoria, não sabemos propriamente o que dizemos. Da mesma forma, quando agimos, ante as infinitas conseqüências de nossa ação, não sabemos propriamente o que fazemos.

Para Hans Georg Gadamer, incontestável mestre da hermenêutica, uma obra de arte ou um texto literário têm efeitos que só mais tarde se tornarão conhecidos ao intérprete e que o próprio autor do texto não podia conhecer. A criação não é o criador, e o texto não se identifica com o autor. Como observou Bakhtin, o reconhecimento da grandeza de Shakespeare hoje é mais amplo do que em sua época, devido ao pleno desdobramento da expressividade polissêmica de sua obra teatral, que foi se valendo progressivamente de uma enorme variedade de interpretações, de repetidas emoções de espectadores e de inúmeras gerações de leitores que contribuíram a lhe dar sempre novos significados. É por essa ininterrupta afinação interpretativa e pelo fato de os espectadores de hoje poderem viver a extraordinária experiência de uma linguagem de pura invenção e perfeição formal que os textos de Shakespeare continuam a causar surpresa e admiração. Surpresa e admiração, aliás, que se expandem na mesma proporção que a banalização da linguagem diária e midiática.

Claro, o processo da descoberta científica é diferente daquele da criação artística. Ambos, no entanto, têm a ver com a surpresa e a imprevisibilidade. Coloca em evidência isso tudo, no âmbito das ciências sociais, a *Fábula das abelhas* de Bernard de Mandeville, em que a crise do planejamento social (determinada pelos efeitos não intencionais das iniciativas e dos benefícios sociais gerados pelos vícios privados) tem por resultado a radical deslegitimação de todo paradigma cientificista.

Escreve Mandeville, com corrosiva ironia:

> Um numeroso enxame de abelhas morava numa colméia espaçosa. Ali, em feliz abundância, elas viviam tranqüilas. Nunca abelhas viveram sob um governo mais sábio, e, todavia, nunca houve abelhas mais inconstantes e menos satisfeitas.

A colméia era o reino da desigualdade, habitada por ladrões, falsários, alcoviteiros, magos e outros indivíduos que se dedicavam a práticas desonestas.

> Mas aqueles cujos tráficos eram os mais respeitados, embora na essência pouco diferentes dos primeiros, recebiam um nome mais honrado.

E os que

> exerciam alguma função ou tinham algum cargo possuíam alguma espécie de malandragem que lhes era própria.

Naquela situação os jurisconsultos faziam de tudo para avivar as hostilidades, arruinar seus clientes e tirar proveito de seus bens. Chegavam mesmo, "para defender uma má causa", a analisar "as leis com a mesma meticulosidade com que os ladrões examinavam prédios e lojas". Até os padres eram "sem-vergonha, como os batedores de carteira, descomedidos como marinheiros", e os ministros enganavam seu rei enquanto, impunes, saqueavam seu tesouro. No entanto, ainda que

> toda a casta fosse cheia de vícios, a nação em si desfrutava de uma feliz prosperidade. Os vícios privados contribuíam para a felicidade pública. Desde que a virtude, instruída pelas malícias políticas, aprendera os inúmeros e fáceis embustes da astúcia, e desde que travara amizade com o vício, até os mais perversos faziam alguma coisa para o bem comum.

O vício foi incrementando a astúcia, que se propagou em laboriosidade, e logo induziu a colméia a abandonar todos os confortos da vida.

Para Mandeville, o fato de vícios privados poderem gerar virtudes públicas não deve causar escândalo. Trata-se de uma regularidade das dinâmicas humanas individuais e sociais quando elas se libertam das prisões ideológicas. Na tradição do pensamento cristão, tudo isso é bem conhecido. São Tomás de Aquino escrevia: "Impediríamos muito do que é útil se todos os pecados fossem severamente proibidos".

"Efeitos desintencionais", "decidir o indecidível": figuras de fronteira entre ciência e filosofia. Mas não é só a ciência que explora o desconhecido. Como uma grande quantidade de estudos de antropologia demonstra, o mito também é um caminho para enfrentar o desconhecido, para agüentar a angústia que os excessos de realidade provocam. Paul Ricoeur fala de "metáforas vivas" ininterruptamente geradas pela linguagem e pela poesia, pontes lançadas entre imaginação e realidade, que desde sempre consideramos separadas.

O procedimento científico não pode ter um único caminho, não pode ser apenas conceitual. Ele tem de abrir-se a imagens, aproximações, conexões, encontros inusitados, até tornar a questionar — como afirmou Hans Blumenberg — o nexo entre pensamento não conceitual e pensamento conceitual. Mas é possível alcançar tudo isso subtraindo as metáforas do papel de mera introdução à racionalidade, devolvendo-lhes uma estratégia heurística autônoma, reconhecendo-as enfim como a sutil trama que é o pano de fundo de nossa consciência, onde repousam nosso pensar, nosso sentir, nosso crer. Não se trata de cair, mais uma vez, na profunda emotividade da alusão, mas de saber que a metáfora — a "zona de sombra" não explicitamente teorizada ou tematizada — é o que permite que nossa palavra e nosso pensamento se distingam do impensado ou do não-dito. Nesse sentido, qualquer enunciado nosso tem sentido, pois se inscreve no pano de fundo de um mundo simbólico que o transcende.

Se os conceitos são conscientemente determinados, as metáforas, ao contrário, se referem ao mundo, como iluminações transversais que esclarecem os nexos significativos que não podem ser logicamente derivados. No altar da clareza e da univocidade de sentido, os conceitos puros pagam um preço alto: o acesso ao *mundo da vida*.

As metáforas, no entanto, por mais ambíguas, vagas e imprecisas que sejam, se ligam a esse mundo sem a menor mediação. Por isso, ganhando em clareza mas perdendo em sentido adicional, a ciência as coloca à margem. Mas acreditamos, antes, que até o pensamento lógico mais exigente não pode abrir mão delas.

Não nos é dado conhecer qualquer caminho por antecipação. O próprio caminho — mas outras figuras podem nos socorrer: a rota, a navegação, a viagem — é uma experiência. Tanto a língua latina como a alemã têm palavras como *ex-pereor* ou *erfahrung*, que traduzem o termo *experiência* com viajar, atravessar. Ampliando seu halo semântico, "fazer experiência" pode significar "navegar".

Não é ousado aproximar a idéia de viagem como *travessias de conhecimento* do sentido que a pesquisa científica assume nos paradigmas pós e antipositivistas. Ainda que o mundo secularizado (e tecnicizado), de um lado, e o nascimento do *homem copernicano*, de outro, tenham delineado uma antítese radical entre mito e razão, novas descobertas e mudanças de paradigmas deslocaram para a frente os limites do que é inexplicável e indecidível, adentrando o acidentado e empolgante território da *ignorância consciente*. Para Gadamer, assim como para o último Wittgenstein, é ingênuo pensar o ânimo humano como uma *tabula rasa* sem condicionamentos ou conhecimentos prévios.

> Quem quisesse duvidar de tudo — anota Gadamer —, nem sequer chegaria a duvidar. O próprio jogo da dúvida já pressupõe a certeza. A criança aprende porque acredita nos adultos. A dúvida vem *depois* da crença.

Compreendemos alguma coisa, portanto, só porque a "pré-compreendemos". Toda idéia nos marca. Orienta-nos. Mas isso só vale até que, ainda buscando, tentemos aprofundá-la, por ela ter se tornado, entrementes, problemática e insatisfatória.

Poderíamos afirmar, nesse sentido, que toda pré-compreensão é um preconceito. Mas, se isso é verdade, nossa tradição é, por inteiro, uma trama de preconceitos. Com efeito, nós sempre julgamos, e, necessariamente, desde um ponto de vista limitado e antes mesmo de termos compreendido a fundo a questão. Ninguém está imune a isso. Mas o preconceito não é um julgamento falso, algo negativo em si.

Para Gadamer,

> quem acredita estar livre do preconceito fundamentando-se na objetividade do método e negando o próprio condicionamento histórico está sujeito em seguida à força dos preconceitos que o dominam de modo inconsciente e incontrolado, como uma *vis a tergo*. Quem não quer reconhecer os "conceitos" que o determinam não saberá ver sequer as coisas que à luz deles se lhe mostram.

Todos nós, portanto, somos marcados pela tradição. Mesmo que quiséssemos, não poderíamos emendar-nos de nossos preconceitos e de nossos pré-condicionamentos. Em suma, não podemos apagar a história escrita na "folha" de nossa vida. Podemos apenas reescrevê-la. Reinventá-la o tempo todo.

Talvez um método científico inteligente pudesse ser comparado a um "jogo" cujas regras são válidas para todos os participantes, e que solicita suas capacidades criativas dentro de um contexto estabelecido. Ou seja, um jogo que pressupõe certa dose de ignorância e, acrescentamos, de distração e presunção. De maneira sutil e penetrante, o filósofo da ciência Paul K. Feyerabend recorda que

> não há idéia que não se despedace quando examinada em seus detalhes. Isso nos leva imediatamente à segunda limitação: *nem as teorias nem as idéias podem guiar as ações humanas ou justificá-las uma vez que elas tenham sido levadas a termo*. O motivo é que o universo das idéias é dominado pelo conflito, o qual, se desenfreado pelos homens, permitiria, ordenaria, proibiria qualquer tipo de ação. Mas os homens agem, e o fazem de modo mais ou menos coerente. Suas ações, portanto, não são causadas somente pelas idéias. Aliás, não podemos acrescentar nada sem uma considerável quantidade de ignorância, distração, presunção, e estaríamos perdidos sem aquele estranho e impenetrável fenômeno que chamamos escolha.

Toda vez que a racionalidade se torna parte de uma escolha, ela própria muda, porque um conceito depende dos diversos modos por meio dos quais ele influencia a ação. Nesse sentido, os problemas sempre apresentam muitas soluções, e não apenas uma. A univocidade não indica, de modo algum, o caminho certo.

Há muitos anos, diante da pergunta sobre o sentido do pluralismo metodológico, Feyerabend, surpreendente como sempre, sugeriu que se decompusesse o "nós" em um "você" e um "eu", como partes de uma entidade desconhecida que se poderia chamar *Ser*. Nós desafiamos o tempo todo o *Ser*, afirma Feyerabend, recebendo em troca respostas diferentes a *mundos manifestos*. Num *mundo manifesto* é possível separar os atos de observação dos objetos ou dos fatos observados. Isso, no entanto, não quer dizer que as "coisas observadas" coincidam com o *Ser*. "Como qualquer mundo identificável", escreve Feyerabend,

> o mundo que permite a separação é uma resposta do ser e, além disso, é diferente do próprio Ser. Identificar os mundos manifestos mais conhecidos com o Ser não só desvaloriza os outros mundos manifestos que são igualmente claros, mas também mostra uma considerável falta de perspectivas. Imaginem que algumas de suas bactérias intestinais comecem a pensar e desenvolvam uma visão do mundo. Por acaso não iríamos rir delas, se declarassem que o cosmo por elas descoberto representa o mundo todo, e que as leis nele válidas valem em toda parte? Todavia, é isso que estamos fazendo e que fizemos durante séculos. Embora sejamos minúsculos com relação à história da humanidade, até menores que isso com relação à história da vida, e absolutamente insignificantes com relação à história da matéria *segundo nossa reconstrução*, pretendemos ter resolvido o enigma do universo.

Tais pretensões (e tais vaidades) não só velam nossa capacidade de julgamento, mas atrapalham fortemente nosso conhecimento do mundo. Como dizia Montaigne, elas "devem ser espezinhadas na poeira". Seja lá como for, mesmo essas idéias não transformam os *mundos manifestos* em construções originadas por nossos conceitos e por nossas ações. Aqui Feyerabend é explícito:

> Não sou um *construtivista* e não subscrevo o programa forte em sociologia. Simplesmente, algumas culturas, assim como algumas mutações biológicas, não levam a lugar nenhum.

Mais simplesmente, mesmo o sucesso dos mais árduos experimentos científicos não é prova de que alcançamos o *Ser*. Um *mundo manifesto* pode ser inteligente e significativo. Poderia até recompensar seus criadores. Mas não passa de uma possibilidade. Não é, decerto, a imagem de um mundo diferente daquele dos seres humanos. Toda imagem que se auto-representa como totalmente *objetiva* se torna desprovida de significados humanos e de informações. Feyerabend conclui com rigor e responsabilidade, em seu estilo típico:

> Brincar com as idéias é um bom passatempo. O verdadeiro teste de uma idéia se dá na medida em que ela desafia o *Ser* e enriquece a vida humana.

Gostamos de pensar o cientista como um *especialista do desconhecido*, um homem que assume até o fim o sentido e o valor (altamente científico) da poética assertiva nietzschiana: "É preciso ter um caos dentro de si, para gerar uma estrela dançante".

Esse horizonte incógnito feito de paisagens do pensamento — e que Michel Serres aproxima poeticamente da geografia das paisagens que comunicam o oceano Atlântico com o Pacífico, no norte do Canadá — é disseminado de

> arquipélagos que dão para a desordem ruidosa e nada conhecida do mar, cumes de bordas recortadas, surradas pela ressaca e em perpétua transformação, desgaste, rachaduras, e excessos, emergir de racionalidades esporádicas, cujos nexos recíprocos não são nem fáceis, nem evidentes.

Eludir a passagem entre a exatidão e a alma, entre as ciências exatas e as ciências humanas ou, se quisermos, entre nós e o mundo — significaria entregar-se ao fôlego breve (e seguro só na aparência) de um racionalismo que sopra como "vento de morte pelos campos do espírito". Aquela passagem, inevitável, é nossa passagem para Noroeste.

COMPANHEIROS DE VIAGEM

BLUMENBERG, H. *Paradigmi per una metaforologia*. Bolonha: Il Mulino, 1960.

BARTLEY, W. W. *Ecologia della razionalità*. Roma: Armando, 1990.

DE MANDEVILLE, B. *La Favola delle Api*. Roma; Bari: Laterza, 1988.

FEYERABEND, P. K. "Intervento al Convegno di Spoletoscienza". In: CERUTI, M.; FABBRI, P.; GIORELLO, G.; PRETA, L. (org.). *Il caso e la libertà*. Roma; Bari: Laterza, 1994.

GADAMER, H. G. *Verità e metodo*. Trad. Gianni Vattimo. Milão: Bompiani, 1983. Ed. brasileira: *Verdade e médodo*. Trad. Flávio Paulo Meurer. Petrópolis: Vozes, 2002.

SERRES, M. *Passaggio a Nord-Ovest*. Parma: Pratiche, 1984.

TOMÁS DE AQUINO. *Summa Teologica*. Roma: Marietti, 1940.

VON FOERSTER, H. "Non sapere di non sapere". In: *Che cos'è la conoscenza*. Org. M. Ceruti e L. Preta. Roma; Bari: Laterza, 1990.

WITTGENSTEIN, L. *Della certezza*. Turim: Einaudi, 1978. Ed. portuguesa: *Da certeza*. Trad. Maria Elisa Costa. Lisboa: Edições 70, 1990.

_____. *The big Typescript*. Org. Armando de Palma. Turim: Einaudi, 2002.

Um pensamento viandante

Dedicado a Edgar Morin

> Não me barre a porta que dá para o desejo... deixe que eu penetre nessas coisas tão familiares quanto misteriosas... São coisas tão evidentes e perfeitamente óbvias, e no entanto tão obscuras, e sua descoberta é uma coisa nova.
>
> *Santo Agostinho*

> Até aqui não só percorremos o território do puro intelecto [...] mas também o medimos, e nele zelosamente designamos para cada coisa seu lugar. Mas esta terra é uma ilha que a própria natureza fechou entre fronteiras imutáveis. É a terra da verdade (nome sedutor!), cercada por um vasto oceano tempestuoso, o próprio império da aparência, onde névoas espessas, geleiras prestes a se liquefazer, dão a ilusão de novas terras.
>
> *Immanuel Kant*

> Amo aquele cuja alma se dissipa, que não quer agradecimentos e que não devolve: já que ele sempre doa e não quer se guardar. [...] Amo aquele que castiga seu deus porque ama seu deus: já que deverá perecer pela cólera de seu deus. [...] Amo aquele cuja alma está abarrotada.
>
> *Friedrich Nietzsche*

Se é verdade que, em geral, o valor das obras intelectuais alcança a plena compreensão apenas em determinados momentos da história, também é verdade que algumas delas, desde seu aparecimento, assinalam uma profunda virada nos paradigmas e nos programas de pesquisa de sua época. Esse é o caso da obra de Edgar Morin.

Num caminho de pensamento e um pensamento do caminho que, do pós-guerra até hoje, atravessou as expressões mais profundas e intensas da cultura européia, Morin representou para gerações inteiras de estudiosos e pesquisadores não só um imenso patrimônio de conhecimento, mas sobretudo um altíssimo exemplo de liberdade intelectual. Voltando a seus livros — que atravessam territórios do conhecimento fortemente expostos à impaciência do tempo e à mutabilidade dos paradigmas científicos —, temos claríssima a impressão de plena atualidade de seu discurso. Ao relê-los, nada parece superado. Suas tramas internas dizem da inquietude, da paixão, do rigor, da perseverança de uma pesquisa unitária e ao mesmo tempo intensamente plural, cuja intuição central aparece explicitada nas perguntas que ele coloca a si próprio desde a mais tenra idade e nas infinitas aberturas através das quais incansavelmente se dirigiu (e se dirige) à existência, à ciência, à filosofia, à arte: em poucas palavras, à vida em seus múltiplos aspectos, como a um mistério entre inúmeros mistérios.

A de Morin é uma pesquisa concomitantemente unitária e plural, e decerto brotou de uma única questão (relativa às formas mediante as quais o conhecimento, em suas expressões mais radicais, foi declinado ao longo de todo o século XX), mas que seguiu percursos nem unívocos, nem lineares. Como se, para traçar o caminho que leva ao topo de uma montanha, ele tivesse feito diversas tentativas, ou melhor, tivesse traçado o próprio percurso a partir dos indícios e dos aparentes desvios de que é feito um caminho que não se limita a percorrer estradas amplamente utilizadas. Isso esclarece porque, em seus discursos e livros, ele retorna mais vezes a algumas questões, mas de perspectivas diferentes; ou porque ele enfrenta, toda vez, com paixão renovada, certas questões particularmente complicadas da "teoria da complexidade" (como os *princípios dialógico*, *recursivo* e *hologra*-

mático). Mas esclarece, ademais, o porquê de um discurso (e de um percurso) cognitivo constituído por seqüências que mais se assemelham aos ritmos criativos da arte do que à uniformidade estilística do ensaio científico, com suas frias regras de escrita.

Morin tem perfeita consciência de que as passagens cruciais do humano pedem que se atravessem estratificações bioculturais complexas, para as quais as disciplinas, isoladas em suas artificiosas e burocráticas delimitações, são amplamente insuficientes. Com sua reflexão, ele torna a colocar no centro do cenário cultural o debate *da* epistemologia e *sobre* a epistemologia. Um mérito, o seu, tanto mais elevado quanto mais intenso é o risco, numa época como a nossa, de derivas do conhecimento científico e filosófico em direção aos desolados e infecundos pântanos dos diversos reducionismos e de suas *retóricas da intransigência*.

Para usarmos a bela imagem do escritor Daniele Del Giudice, o pensamento de Morin nos convida a *descolar nossa sombra do chão*, a tentar o caminho de um pensamento em que os círculos vitais de homem e cientista vão se aproximando até quase coincidirem. Sua vida é um exemplo de dedicação ao estudo, de desinteresse pelos reconhecimentos formais, de afeto e generosidade para com os companheiros de caminho mais jovens, de humanidade incondicionada. São esses os sentimentos que fazem dele, em tempos espiritualmente tão avaros, um dos raros mestres a ouvir e interrogar, ainda. Esses sentimentos são os mesmos que quando jovem o levaram a abrir mão dos encantos e vantagens de uma carreira acadêmica (como ele próprio conta sugestivamente em *Meus demônios*) para manter fé às premissas e promessas de uma pesquisa aberta, livre, plural. Sua vida e sua experiência foram (e são), com efeito, a vida e a experiência de quem deu tudo no presente, caminhando no difícil equilíbrio entre espiritualidade e paixão pelo mundo, explorando os territórios do conhecimento até uma perfeita co-incidência entre consciência do próprio saber e da própria existência. Ao horizonte cognitivo da *complexidade* e à multiplicidade de suas paisagens, Morin chegou, com efeito, pelos caminhos mais árduos: de um lado, despedindo-se das alentadoras certezas ideológicas; de outro, das substantificações denotativas da *hybris* cientificista. Disso tudo, Morin fez experiência ouvindo e esperando com paciência, até que entre vida e pensamento se deu uma conversão recíproca.

O caminho intelectual de Morin testemunha a coragem e a capacidade de tornar a questionar os fundamentos consagrados da filosofia e da ciência oficial. Relativizando tanto a noção de experiência como a de teoria, ele mostrou que a ciência prossegue e se enriquece também (e às vezes especialmente) por métodos não científicos. Ainda assim, se Morin contribuiu para desconstruir com lucidez impiedosa os mitos da racionalidade científica, nunca o fez de uma posição adversa à ciência. Ao contrário: o fez de uma perspectiva de racionalidade aberta (oposta à racionalização) que esclarece toda a distância que intercorre entre as idéias sobre a ciência e o que aconteceu (e acontece) historicamente dentro dos próprios procedimentos científicos, impregnados que são de irracionalidade, de misturas, de técnicas propagandísticas, não raro inscritas em cosmologias incomparáveis entre si. A racionalidade designada por Morin, em suas diversas declinações, é uma racionalidade consciente da própria incompletude, disponível ao diálogo com o "não-racionalizável", ao confronto com a complexidade: o que nada mais é que se debruçar sobre tudo o que é incerto e sem fundamentos, sobre o que se subtrai à racionalização.

Se a ciência (não o cientismo, que é sempre e presunçosamente auto-suficiente) é esse território indeciso e instável, não tem sentido emendá-la ou purificá-la. Trata-se, como Morin nos mostrou, de assumir precisamente esse horizonte como um *novo início*, uma subversão criadora, um gesto epistemológico para romper definitivamente com a ilusão bimilenária que — para usarmos a feliz expressão de Franz Rosenzweig —, "da Jônia a Iena", segregou filosofia e ciência dentro de rígidas construções (e constrições) retóricas e metafísicas: da verdade-identidade de Parmênides até as pretensões epistemológicas modernas de um *eu* legislador unitário, coerente e permanente no tempo.

Morin não tentou fundar uma nova religião laica, inventar novos vocabulários de reconhecimento, novas definições da ciência ou, diversamente, decompor os procedimentos da ciência pela simples paixão de desmascarar censuras e procedimentos internos de exclusão. Sua tentativa é a de subtrair o conhecimento do campo de forças teórico que contribuiu para desnaturá-lo.

Antes que a época moderna fragmentasse seu eixo (mas o discurso, como é evidente, é muito anterior), "normalizasse" a originalidade e a criatividade de sua narração (segregando o texto e a evolução interna), o conhecimento era um *pluriverso imaginal* que nada tinha a ver com a idolatria do Universal Helênico. Com o selo grego da história ocidental — o sistema de aparição do Uno, que reconhece o outro fazendo com que pronuncie palavras gregas —, aquele *pluriverso* desaparece, o diálogo entre as diversas regiões do saber desaparece.

No curso de sua pesquisa, Morin intuiu que a queda de uma visão científica e filosófica que pretendia manter unidos sujeito e objeto, espírito e matéria (que afinal é a *pretensão fatal* da modernidade), torna possíveis novos gestos cognitivos: tudo isso com a perfeita consciência de que nenhum pensamento original jamais poderá nascer sem que antes se tenham deixado para trás os paradoxos gerados pela metafísica da identidade do homem e do conhecimento como seu objeto imaginário.

O ponto de partida desse novo olhar filosófico não poderá mais ser o caráter unitário das categorias de "sujeito" e "objeto", mas sua trama múltipla e contraditória. Isto é, trata-se de pensar *através* e, inevitavelmente, *além* delas. Claro, o problema de qual discurso "construtivo" seja possível, que não possa mais ser reduzido a posições epistemológicas ou às práticas especialistas entre as quais o cientificismo confinou o conhecimento do humano ainda permanece em aberto. Como também permanece em aberto o problema de como eludir as "cortinas de ferro" epistemológicas que impediram a livre exploração daqueles territórios onde ainda vive a possibilidade de tornar a unir ciência e filosofia: o que a cultura havia sistematicamente dividido. Ora, a partir da pesquisa de Morin, parece mais claro quanto é ilusório tentar acessar o conhecimento do mundo com base em princípios indiscutíveis e num *eu* que, com sua racionalidade indagadora, pretende contar o mundo a partir de um ilusório e autocentrado ponto visual que exclui todo vestígio de multiplicidade.

Morin demonstrou que o declínio dos monismos em muitos fragmentos — cada qual correspondendo a um âmbito disciplinar próprio — se torna a própria condição de possibilidade para um pensamento capaz de romper com os intelectualismos racionalistas bimilenários que constrangeram o conhecimento do humano em limites angustos. Isso também e sobretudo quando se trata de desnudar as elegantes arquiteturas conceituais — os "sistemas axiomáticos", a "demarcação dos limites do dizível", os "critérios de significação", o "normativismo dos procedimentos", o "convencionalismo" e mais — que permitiram que o cientismo conseguisse seus objetivos. Nisso reside a *missão crítica* de sua pesquisa. Desde o início a aposta da "complexidade" foi demonstrar que a ciência só pode existir e progredir desde que se aventure além das fronteiras dos territórios, aproximando-se, sem pretensões de posse, de novos objetos. Nessa perspectiva, também o *fato* — fetiche conceitual inviolável do discurso científico — é posto em questão. Diante do fato, a ciência sempre parou, porque desde sempre o objetivo da ciência foi fazer fatos e teorias coincidirem. Mas um fato é uma construção histórica, constituído de ideologias precedentes, impregnado de opiniões subjetivas "míticas", há tempo acumuladas e esquecidas. Não só. O fato, sobre o qual o pensamento científico continua construindo seus procedimentos, suas falsificações, sua linguagem neutra, é indissolvelmente constituído de teorias: ou melhor, de uma estratificação de teorias, que tornam aporético e impensável separar observação e método e produzir, ademais, aquela *desinerência cognitiva* que faz sujeito e experiência divergirem.

Isso significa que uma linguagem de observação pura e imodificável não pode existir. Os dados sensoriais não são nem certos, nem absolutos. Eles são, antes, o resultado da crença em certas entidades teóricas nada neutras e, sobretudo, passíveis de serem interpretadas de modo diferente conforme o contexto teórico que o pesquisador assume. A percepção de um objeto ou de um evento celeste não é a mesma para um astrônomo ptolemaico e para Galileu. De fato, se o primeiro, movendo-se no âmbito do pensamento aristotélico, acredita que só nossos sentidos são intérpretes fiéis da realidade, o segundo atribui ao telescópio a função de integrar as imperfeições do olho humano. Isso significa que, se o astrônomo ptolemaico atribui ao céu características qualitativas diferentes das terrestres, o astrônomo galileano (laico) discerne sua homogeneidade, e assim por diante. Não existem, portanto, asserções propriamente observativas.

Todas as nossas asserções são teóricas, embora isso não equivalha a negar a existência de fatos independentes do sujeito, que é tarefa das teorias explicar. A correção de uma teoria reside em sua capacidade de entrar em relação com os fatos. Mas estes não podem ser simples percepções. Radicalizando, poderíamos até considerar possível uma ciência sem experiência. A relação com os fatos, quem estabelece são as teorias.

Morin mostrou-nos que não há teoria científica compatível com todos os fatos do contexto que descreve. E mais: não há lei para a qual não se possa averiguar uma exceção. Muitas das teorias hoje aceitas surgiram e se desenvolveram contra as regras metodológicas sustentadas pelos epistemólogos. Por exemplo, o falsificacionismo popperiano teria excluído teorias hoje fundamentais, como a dinâmica de Galileu, porque ao surgirem resultavam totalmente contraditórias e contraditas por "evidências". Podemos afirmar a mesma coisa com relação ao descontinuísmo de Kuhn, para o qual deveríamos aguardar a falência de um velho paradigma para elaborar outro: ainda que somente à luz do novo paradigma pudessem surgir dificuldades empíricas capazes de refutar o anterior. Além disso, novas teorias não raro surgiram até contra a indicação de método que os próprios cientistas acreditaram derivar de sua atividade de pesquisa.

Em outras palavras, a ciência é uma atividade demasiado

"complexa" para poder ser rigorosamente encerrada nos cânones lógico-formais de uma metodologia. A limitação de fundo da epistemologia clássica é a de desenvolver considerações sobre uma imagem da ciência que a representa como um sistema de enunciados logicamente ordenados, dotado de clareza, precisão e simplicidade: uma imagem, esta, que só na aparência é digna de manual. Enfim, a redução das metodologias a princípios lógicos abstratos, a regras universalmente válidas, só pode entrar em conflito — como já Lakatos notava — com aquele processo histórico atormentado e diferenciado que é a ciência. As teorias tradicionais da ciência podem valer num mundo ideal, mas não ajudam na efetiva prática científica, cuja meta é o sucesso neste mundo concreto.

As propostas dos epistemólogos amiúde não passam de castelos de vento, por causa de sua separação da realidade científica Para Morin, o problema não é tanto comparar regras abstratas ou mostrar seu conflito com as práticas da pesquisa, mas avaliar a relação que toda metodologia mantém com hipóteses cosmológicas, ou seja, com visões de mundo *lato sensu*, nas quais entram também considerações sobre o papel do sujeito, sobre a relação homem-natureza, e assim por diante. São essas hipóteses, nem sempre explicitamente formuladas, que justificam as metodologias adotadas e, através delas, o que pode ser considerado fato científico.

A epistemologia clássica origina-se da hipótese de que as leis da natureza sejam evidentes em si e que, portanto, observações contrárias valem para desmentir teorias. A idéia segundo a qual as coisas têm de ser bem definidas e nosso mundo obedece a uma lógica rigorosa leva a sustentar o critério de que somente teorias em curso sejam aceitáveis. A hipótese cosmológica subjacente à ciência de hoje parece ser, antes, a de uma realidade cujas leis, além de ocultas, são também cercadas de anomalias. A teoria da ciência e sua metodologia são "isomorfas" ao mundo que ela revela. As regras metodológicas têm seus limites. Elas não são universalmente válidas, mas apenas em circunstâncias determinadas. Isso significa que temos a liberdade de decidir quais regras assumir conforme a situação que enfrentamos. Uma visão complexa funda uma metodologia da circunstância apropriada a um real que, cada vez mais, revela sua indeterminação intrínseca, *um real que não é racional*, no qual ordem e racionalidade não passam de ilhas raras no oceano da desordem.

Nessa linha, a epistemologia torna-se interna ao procedimento científico, no sentido de que é a própria pesquisa que estabelece os critérios segundo os quais prosseguir e de quando modificá-los. Não podemos mais propor que os filósofos, da última fileira do teatro do conhecimento, substituam a prática científica por uma imagem moldada segundo ideais de clareza, inteligibilidade, precisão, em virtude da qual o pensamento deveria se mover conforme trajetórias preestabelecidas, seguindo o rastro de estruturas precisas e formas bem definidas.

Morin convida-nos a abrir mão de uma epistemologia exterior, e, ao mesmo tempo, a renovar a relação que ligava a ciência à *episteme*. Uma epistemologia cuidadosa não deve edificar ou validar estatutos lógico-prescritivos, mas assegurar a liberdade de movimento da ciência, sem atribuir-lhe mais autoridade do que atribuímos a outras formas de conhecimento. Morin indicou-nos de que modo olhar para a história da ciência sem as lentes deformantes de uma metodologia qualquer. Não porque ele recuse o método (ao contrário, ele lhe dedica amplas e intensíssimas meditações). Ele recusa a pretensão de que exista um método único, o único a ser considerado como cientificamente fundamentado. Prosseguir metodologicamente num empreendimento cognitivo (seja ele qual for) significa predispor uma estratégia de resposta a determinadas expectativas.

Mas as expectativas variam de época para época, de sociedade para sociedade, até mesmo de pessoa para pessoa. Não só: elas dependem das orientações de fundo a partir das quais a racionalidade se constituiu deste ou daquele modo. Não há nada de mais irracional, portanto, do que querer impor uma única idéia de razão. O ponto de vista da racionalidade não pode ser assumido para julgar as outras tradições, pois ele próprio é uma tradição como as outras, ainda que mais forte. O racionalista atribui à razão a propriedade de impor "*law and order*" à prática, assim como um teólogo deduz a existência de Deus da observação de formas ordenadas da matéria. Os critérios de racionalidade parecem "objetivos" só porque as normas de ação e os julgamentos concedidos aos primeiros não são considerados por aqueles que, partícipes da tradição racionalista, vêem o mundo nos termos de seus valores sem que o percebam.

O desafio que o pensamento da complexidade apresentou à ciência surge da crítica da "totalidade" em suas diferentes declinações. O amor pelas complexidades culturais, psicológicas, econômicas, contrasta radicalmente com o simplismo brutal que caracteriza o espírito e os dogmas cientificistas totalitários. Que diga respeito à ciência, à filosofia ou à política, este foi o dissídio mais incorrigível, a antítese mais inexpiável da modernidade. O drama do século XX nada mais foi do que o conflito entre o pensamento da pluralidade e da complexidade, de um lado, e os dogmas totalitários, de outro. Uma ordem totalitária, que se fundamente na hegemonia de um partido, de uma classe, de uma nação, de um sistema científico, sempre se fundamenta no ódio para com as complexidades vivas, na destruição das minorias, na unificação forçada das diversidades, na destruição dos grupos, no desprezo das vocações. Parafraseando Denis de Rougemont, poderíamos dizer que, se o totalitarismo é rígido, como a guerra, como a morte, a complexidade é flexível, como a paz, como a vida. Se o primeiro, por força de sua simplicidade e rigidez, é uma tentação permanente para nosso cansaço, nossa inquietude, nossas vertigens, nossas dúvidas, o segundo, como a vida de Morin testemunha, é a linguagem de nossa esperança, de nossa vocação, de nossa coragem.

Olhares de fronteira

Diálogo entre Mauro Maldonato e Federico Leoni*

Caro Mauro, é difícil — você sabe melhor do que eu — dizer em poucas frases da proximidade e da distância, da afinidade e da diferença de projetos tão amplos, tão múltiplos — por vezes até contraditórios em si — como o discurso da fenomenologia e o discurso da complexidade. Não podemos fazer disso uma questão de palavras-chave: voltar às coisas mesmas, voltar à experiência, voltar à intencionalidade... Cada um desses *slogans* significa muitas coisas e nenhuma. Deixemos de lado, então, as hesitações e vamos ao ponto. Kant dizia que pensar sempre significa colocar-se, disfarçadas de mil modos diferentes, umas poucas perguntas de fundo: o que eu posso saber, o que devo fazer, o que me é dado esperar? Aliás, uma única pergunta, com a qual todas as outras têm a ver: o que é o homem?

De certo ponto de vista, a fenomenologia nunca deixou de perguntar — a seu modo, um modo não isento de parentescos mais ou menos secretos com Kant — o que é o homem. Claro, nem nunca deixou de responder. Não é verdade que a filosofia

---

* Federico Leoni, filósofo, é atualmente pesquisador na Universidade de Milão. Entre os temas de seu interesse tratou de Kant, a fenomenologia francesa e alemã, a psicopatologia fenomenológica. Escreveu, entre outros, *Follia come scrittura di mondo* (Milão, Jaca Book, 2001) e *L'inappropriabile: figure del limite in Kant* (Milão, Mimesis, 2004). Organizou com Mauro Maldonato o volume coletivo *Al limite del mondo: filosofia, estetica, psicopatologia* (Bari, Dedalo, 2002).

reside somente na pergunta, em manter em aberto a pergunta, em manter em suspenso a interrogação. De vez em quando ela dá respostas, mesmo que de um certo modo seu oblíquo, irônico, problemático. Aliás, seria interessante nos perguntarmos sobre o porquê dessa ironia, dessa oblíqua problematicidade da filosofia — ou da fenomenologia, que, dizia seu fundador, Husserl, sempre está no início, é eterno exercício de principiantes. E seria interessante nos perguntarmos, com mais profundidade, o que o homem teria a ver com essa ironia, se a pergunta sobre o homem e o próprio homem não estariam intimamente ligados. Ou seja, se a pergunta e a ironia, a ironia e o homem, o homem e a pergunta não seriam uma só coisa.

Voltaremos a isso, espero. Digamos assim, por enquanto. A fenomenologia respondeu de mil maneiras à pergunta "O que é o homem?". Mas todas as suas respostas têm em comum ao menos isto: a convicção de que o homem não é uma coisa; de que a pergunta, assim como está posta, está mal posta; e que devemos buscar não uma coisa ou um conjunto de coisas, mas algo mais. O que significa "algo mais"? Aqui começa a dificuldade, caro Mauro. Aqui estão em jogo a posição e o sentido da pesquisa fenomenológica em relação, digamos assim, à modernidade, à tradição da qual, no entanto, ela parte, à herança metafísica e depois científica, e depois científico-tecnológica, à qual, em certo sentido, a fenomenologia pertence e, em outro, se contrapõe. O que significa algo que não uma coisa? O que é uma coisa?

Aqui está, a fenomenologia também tem a ver com essas outras perguntas. Quem pergunta o que é o homem tem de se preparar, em primeiro lugar, para compreender que ele não é uma coisa. Este é o drama do confronto entre a fenomenologia e as ciências e, creio, a possível riqueza de uma intersecção entre a fenomenologia e a filosofia da complexidade. Numa primeira aproximação poderíamos dizer: o homem não é uma coisa, mas aquilo a partir do qual aparecem coisas: o homem não é um objeto mas o lugar em que surgem objetos. Só há coisas para o homem, só ha objetos para o homem. E, por outro lado, o que significa "não uma coisa" a partir da qual se dão algumas "coisas" — o que é uma "não-coisa"? Aqui começa a dificuldade.

Caro Federico, também eu, como você, perguntei-me quanta razoabilidade poderia haver num diálogo entre um filósofo e um psiquiatra sobre os temas da fenomenologia e da complexidade. Mais de uma vez me questionei sobre a utilidade de uma viagem para além das muralhas e dos vocabulários de reconhecimento de nossas disciplinas. Ambos sabemos, de resto, que um diálogo marcado por uma ética exigente da discussão está inevitavelmente destinado a fincar mais espinhos nos flancos de nossas próprias "retóricas", a desnudar-lhes as aporias, os dramas conceituais. Transgredindo as advertências de Wittgenstein — para quem a tarefa da filosofia é a de introduzir quietude nos pensamentos —, aprestamo-nos, levando a sério as coisas ditas inicialmente por brincadeira, a aguçar nossas inquietudes, a desafiar a intratabilidade das perguntas, a indigência das palavras, a nossa impotência de dizer: de algum modo (e digo isso sorrindo), a propiciar a nossa derrota.

Mas vamos ao diálogo. Você diz, entre outras coisas: "Não é verdade que a filosofia reside somente na pergunta, em manter em aberto a pergunta, em manter em suspenso a interrogação". Parece-me um ponto essencial. É desse ponto que gostaria de partir para tentar alqueivar a terra e remover, antes mesmo de semear, um obstáculo que por muito tempo embaraçou as sortes filosóficas da fenomenologia: refiro-me às solidariedades secretas que ela manteve com a metafísica e sua luz ocultadora.

Falta-nos, infelizmente, espaço para uma argumentação mais meticulosa e paciente. Mas quero lhe dizer de minhas inquietudes e de minha exigência de despedir-me daquele horizonte que a fenomenologia husserliana contribuiu a sustentar e dentro do qual se consumou o *drama filosófico do Uno* que ainda enreda a modernidade.

Penso que chegou a hora — nesse tempo tão sovina de coragem intelectual e de esperanças (e que no máximo parece admitir glosas, interpretações, exegeses) — de pôr-se a caminho. Em que direção? Não sei. O poeta espanhol Antonio Machado dizia: "*Caminante, no hay camino, se hace camino al andar*". É isso, eu acredito que só permanecendo a caminho — um caminho que não conhece paradas e descansos — poderemos chegar a pensamentos perspícuos. Mas caminhar — e portanto pensar — é uma eterna busca no limite da palavra necessária. Eis por que nesta circularidade — ou seja, na absoluta ausência de respostas (e aqui se manifesta nosso *divergente acordo*) — a pergunta é, do pensamento, o fundamento inacabado. Mas, cuidado! Para mim, a ausência de fundamentos não dá para o vazio. Desnudando a primazia ontológica do Uno, fiador do pensamento metafísico (e aqui declaro minha total dívida para com Lévinas), a pluralidade do nada, sobre a qual nos debruçamos, deixa vislumbrar uma pluralidade do ser.

É a esses exercícios de perplexidade sobre nosso saber que gostaria de convidá-lo. Nessa estação do pensamento (e do coração), sinto em mim, pujante, a necessidade de novas perguntas. Estaria traindo o exemplo de liberdade de meus mestres — que me ensinaram a desconfiar das retóricas claustrofílicas da reflexão, a cruzar os mundos da vida com olhares *teoricamente a-teóricos*, e emendar o olhar de toda opinião para adotar outro olhar, totalmente ontológico, como só o das crianças pode ser — se não levasse a sério essas inquietudes que me convidam a continuar a minha viagem. Carrego comigo tudo o que vi, aprendi, compreendi. Mas, sabe, já não sou o mesmo de outros tempos. Existe um tempo em que é natural nos deixarmos possuir pelas idéias. Outro em que temos de nos separar delas para começar a pensar e, sobretudo, para nos tornarmos nós mesmos: ou seja, diferentes. Isso não significa cavar um fosso entre mim e o que um dia pude dizer ou escrever, a ponto de não considerar as coisas escritas ou ditas. Se assim fosse, significaria que aquele que fui agora não existe mais. Mas, pergunto-me, como poderia ser o que eu sou hoje, sem ter sido um dia alguém?

Caro Mauro, diria, para começar a responder, que a própria fenomenologia abandonou há muito tempo o teatro da subjetividade, ao qual alude Gargani. Basta pensar na trajetória de um pensador como Merleau-Ponty, na tensão e no sentido do percurso que se desdobra entre, digamos, a *Fenomenologia da percepção* e *O visível e o invisível*. Da questão do sujeito, aqui, não há nem sombra. Ou melhor, a questão do sujeito aparece sim, mas justamente como sombra, como proveniência a ser questionada, como figura a ser desconstruída, a ser interrogada genealogicamente. É desse tipo de fenomenologia que me parece interessante falar.

A outra questão importante que você levanta é a da pergunta e da resposta, e de nosso divergente acordo, como você diz com elegância. Mas eu pergunto: podemos realmente pensar em algo como uma "absoluta ausência de respostas"? Podemos habitar uma absoluta ausência de respostas sem fazer disso, mais uma vez, o simples avesso de um saber absoluto, de uma absoluta disponibilidade de respostas?

Tentarei dizer isso, de minha parte: toda suspensão suspende um quê de determinado (de outro modo não é suspender). Toda ignorância ignora um quê de definido (de outro modo não é ignorar; ou, pelo menos, não é *ignorantia "docta"*, isto é, produtiva, fecunda, útil ao pensamento e à problematização). Toda perplexidade, para usar seu termo, nos atinge a partir de alguma coisa (mesmo que seja alguma coisa muito geral). Todo "talvez?" sempre tem atrás de si um "sim" e um "é assim". Todo "o quê?" sempre tem atrás de si um "quê". Como Kant sabia, a pomba não voa livremente apesar do atrito do ar, mas graças a ele.

Daqui aos temas de onde começava — a pergunta "o que é o homem", a questão de seu "ser-outro", seu sentido fenomenológico e o sentido da fenomenologia em sua relação com a modernidade, com as ciências humanas e com as ciências-tecnologias contemporâneas — a distancia é curta. O homem não é uma coisa, dizia, mas aquilo a partir do que as coisas aparecem. Não tem sentido falar do sol "esquecendo" que há um sol para os olhos com os quais o vejo, para a pele através da qual sinto seu calor, para as palavras com as quais o nomeio, para as equações que traçam seu percurso no espaço estelar. Já me parece ouvir a óbvia objeção: não, está vendo esta cadeira? Meu cachorro também a vê, a cheira, a mordisca... portanto não há necessidade de meus olhos ou de minhas equações. Pois é, mas mesmo o meu cachorro que fareja, vê, mordisca, é um objeto de minha experiência, e não da dele!

Isso não significa que ele não esteja aqui farejando e mordiscando, ou que todas essas coisas sejam "fantasias" minhas. Não é disso que se trata. Não se trata de opor minha fantasia à realidade, mas de captar o modo como a realidade se torna real, o modo como eu me inscrevo na realidade inscrevendo a realidade em mim. "Aquilo a partir do que", dizia, aparece o que aparece assim como aparece — objeto diário, objeto científico, objeto artístico, objeto religioso... Qual o sentido desse objeto? Como ele se constitui? Como se torna possível? Como dizia Foucault, nem todas as coisas podem ser ditas, ou pensadas, ou experimentadas, ou feitas em qualquer tempo.

Bem. Mas então está claro que nem sequer o homem "existe" simplesmente. Que nem sequer o homem é muito diferente de qualquer uma dessas "formações de sentido", que aparecem a certa altura e em certo lugar, num certo contexto, para uma certa história, com uma certa duração... Eu diria que a despedida e a perplexidade que você evocava tem a ver com o fato de ter conquistado esse tipo de perspectiva. Onde encontrar, como definir, como pensar o lugar "a partir do qual" o sentido se dá, se mesmo o homem não passa de uma máscara? Onde "se faz" o sentido? À força de quê? Para quem?

Que a questão do sujeito permaneça como pista, também significa algo mais, provavelmente. Que não haja sujeito significa que, por outro lado, há, sempre, produção de formas de subjetividade, emergir de figuras de sujeito, trânsito de figurações. Onde e como acontece essa produção, esse trânsito ou esse deslocamento de sentido e de formações de sentido? Pois bem, eu penso que o campo que se abre aqui é decisivo. E que é decisivo tentar dar algumas respostas. Isso tudo tem a ver, em meu modo de pensar, com a posição e o próprio sentido da fenomenologia mas também, se é verdade que a fenomenologia é a própria filosofia, ou que a filosofia sempre tem, em si, um quê de fenomenológico, com sua posição a respeito, digamos assim, da modernidade, ou seja, a respeito da tradição de onde se inicia, com relação à herança metafísica e depois científica e depois ainda científico-tecnológica à qual, em certo sentido, a filosofia pertence, e, por outro lado, se contrapõe.

Caro Federico, parece-me que nossas posições estejam assumindo contornos progressivamente mais definidos. Confesso ser pouco otimista em pensar que a fenomenologia teria desmanchado definitivamente seu pertencer ao subjetivismo moderno, àquele *subjectum* legislador e senhor da terra que exerce seu domínio através de todas as declinações do construtivismo. Creio que isso representa, para o Ocidente, o problema jurídico, político e filosófico mais dilacerante. Quanto a nós, penso que ficar no plano da experiência vivida como forma fundamental do ser-homem nos expõe a perniciosos mal-entendidos. Longe de nos conduzir para um terreno originário, a experiência vivida mostra sua proximidade com aquela metafísica do sujeito que, mesmo proclamando sua aversão ao *cogito* cartesiano e seu "intelectualismo", é, na verdade, sua conseqüência. Heidegger compreendera isso muito bem quando escrevia:

> Aquilo que, no princípio do pensamento moderno, com Descartes, é colocado, pela primeira vez, como certeza do eu, na qual o homem se assegura da entidade como do objeto de sua representação e de sua segurança, é o germe do que hoje constitui, na medida em que é "experiência vivida" e "fazer experiência", a forma fundamental do ser-homem.

Pois bem, penso que fazer experiência de alguma coisa — de uma coisa, um homem, um evento, e assim por diante — significa que aquele determinado acontecer sobrévem e nos atinge, nos transtorna, nos transforma. Que fique claro: aqui "fazer" não corresponde a uma ação que se cumpre por iniciativa nossa. Significa, antes, sentir, sofrer, padecer, acolher alguma coisa que "se faz", que acontece, que ad-vém. Só durante o caminho — naquele movimento que só é tal se abre o caminho — podemos ir ao encontro do que buscamos, não sem surpresa ou sobressalto. No encontro — como magistralmente nos mostraram, de posições teóricas diferentes, Bruno Callieri e Edgar Morin — nós não somos os únicos a dar os passos. Há alguma coisa que, ao vir ao encontro, irresistivelmente os guia. Atraindo-os. Chamando-os a si. De modo que, ao sobrevir, nos acomete, fazendo-nos estremecer, tornando-nos incapazes de conduzi-lo ao pensamento.

Nesse sentido, só ao percorrê-lo é possível saber que é um caminho. Mas isso também significa compreender o que significa experiência. É isso, a experiência implicaria talvez o abdicar do pensamento? Se pensássemos a experiência nos termos de "experiência vivida", então objetividade e subjetividade continuariam a pertencer ao mesmo horizonte metafísico. Experiência é, ao contrário, um termo que em sua etimologia latina *expereor* indica o atravessamento. Um atravessamento que, no entanto, não permanece como tal, que se efetua saindo do espaço atravessado, não se voltando para trás a olhar o caminho feito, habitando sua distância, e assumindo plenamente a responsabilidade do julgamento. Porque a percepção é julgamento. A experiência é julgamento. A com-preensão é julgamento. Julgamentos implícitos, claro. Mas julgamentos. Não simples impressões ou fenômenos genéricos de conotação semântica. E passo à antiqüíssima e crucial pergunta da filosofia que você recorda: "O que é o homem?". Como é evidente, é uma pergunta que possui duas curvaturas: uma ontológica, pois ao dizer assim colocamos em jogo o ser; a outra antropológica, porque é relativa ao que é o homem, a espécie homem. Temos, portanto, uma pergunta antropológica fundada numa outra, ontológica. Claro, as duas perguntas podem coexistir. De fato, quando digo "o que é o homem" não pergunto de mim, mas da estabilidade do homem. Ora, ao falar dessa identidade ideal é claro que me interrogo sobre um ser. Mas o ser é o contrário do mudar. Portanto a pergunta não pode ser o que é este homem. Com efeito, se assim fosse, eu não falaria do homem como ser, mas do homem como *existere*, como contínuo sair de si. E isso significaria que sem sair de si não há nem conhecimento, nem vivência. Então a pergunta "o que é o homem" terá de ser transformada em "o que se torna o homem".

Ao prosseguir essa nossa afetuosa contenda gostaria de relembrar a radical contestação que Lévinas levanta contra a primazia da ontologia subordinando toda relação com o Outro ao enorme poder do "neutro", do ser enquanto "neutro". Isso, é evidente, tem conseqüências imponentes também no plano filosófico-político. Se um pensamento abre mão de sua radical alteridade, em lugar de uma suposta pureza conceitual ele se torna inevitavelmente totalizante e totalitário. Esse fechamento em (um) *self* vai se traduzir numa guerra permanente com a qual dominar e definir limites e fronteiras, cuja conseqüência é a nítida separação entre dentro e fora, entre mim e o outro. Mas ambos sabemos que a relação com o Outro — Carl Schmitt escrevia "A relação de si próprio no Outro, é isso o verdadeiro infinito" — é realmente infinita se — como escreveu lucidamente Caterina Resta — for escuta do Outro em mim; escuta das múltiplas vozes e vultos que nos habitam; escuta das identidades plurais em si próprias (porque em si próprias diferentes), mas muito singulares e únicas. Nem dispersão, nem fechamento, portanto. Eu chego a mim mesmo pelo Outro, sem parar em mim. Nessa viagem tento colher essa dispersão e experimentar sua infinita abertura. É um trabalho incessante do luto e da hospitalidade do outro em mim e fora de mim. Que nunca termina. Que nunca termina de terminar e de me de-terminar.

Caro Mauro, compreenderia bem suas perplexidades sobre a fenomenologia se identificássemos a fenomenologia com Husserl, especialmente com um certo Husserl. Não as entendo tão bem se, como eu já dizia e fazia, pensarmos na fenomenologia mais recente, aquela, para que nos entendamos, merleau-pontiana e pós-merleau-pontiana. Seria muito longo aqui um discurso sobre Merleau-Ponty, mas também, creio, muito instrutivo. Até com respeito à fórmula que você propunha, e que pessoalmente entenderia em sua ressonância também deleuziana, no "tornar-se-homem". Justamente o entrelaçamento de temas merleau-pontianos com abordagens deleuzianas constitui, como você sabe, um dos resultados mais interessantes dos trabalhos teóricos atuais. Pois eu diria que, diante desse horizonte, a própria fenomenologia já matou seu pai fundador e seus mitos fundadores, o do vivido ou da consciência em *primis*. Passo à questão do homem, que você colheu e declinou com a excelência de sempre. O que você afirma sobre o tornar-se-homem que deveria substituir o ser-homem e à pergunta relativa sobre "o que 'é' o homem" — tudo isso me parece (apesar das divergências desta "afetuosa contenda") muito próximo do que eu também sugeria há pouco. Isto é, quando dizia que se não houver sujeito, como variada e amplamente se mostrou, isso significa que, no entanto, há (em todo lugar, e sempre) produção de formas de subjetividade, emergir de figuras de sujeito, transitar de figurações subjetivas. Que não haja "o homem" significa que "o homem se faz" o tempo todo, e que ele se faz (como você dizia, e como certa vez procurei mostrar minuciosamente trabalhando sobre o próprio Kant: a questão é antiga) "nesse" fazer-se, e sem ser, deste fazer, "sujeito", dono, soberano, artífice (e sem ser, por outro lado, objeto, matéria coisal, substância informe, argila inerte: tentação recorrente de alguns dos vários pensamentos do fazer-se do sujeito a partir de um outro neutro informe — que, porém, é uma cópia exata, ainda que do avesso, daquilo que aqueles pensamentos esperavam virtuosamente conseguir recusar, e que já só por essa insidiosa circunstância tudo parece menos recusado).

(Abro um parêntesis, que fecho imediatamente. É Gilles Deleuze quem diz, nos *Pourparlers*, que se Foucault em seu último período tornou a levantar com tanta insistência a questão do sujeito, isso não tinha a ver com qualquer tentação de reabilitá-la. O sujeito não existe, na medida em que continuamente se torna, emerge, se insurge, em formas e modos sempre singulares, peculiares. Não existe, na medida em que figuras e formas de subjetividade acontecem, se produzem, emergem o tempo todo. É essa produção, esse emergir que, acrescentaria, é útil investigar, e investigar, acredito, genealogicamente, segundo diretrizes para cujo aparecimento certa fenomenologia deu sua contribuição: Merleau-Ponty, Jan Patocka, Henri Maldiney, cuja estética, que passa, entre outras, por uma releitura de Semper e Riegl, não deixou de influenciar o próprio Deleuze.)

Volto à coisa mesma, como os fenomenólogos têm o hábito de dizer. Tento reler a meu modo sua última frase, aquela em que você diz, com muita exatidão e muita musicalidade, que há "alguma coisa que nunca termina de terminar e de me de-terminar". Todos conhecem a proposição de Protágoras: "O homem é a medida de todas as coisas". Quando eu levantava a questão kantiana de "o que é o homem", mesmo essa outra frase, da outra ponta da história de dois milênios que você evocava, permanecia como pano de fundo do problema que eu queria recordar. O que significa "medida", medida "de todas as coisas"? Quase nunca essa frase foi lida com olhos livres de inconsistentes relativismos ou de humanismos ingênuos. Que o homem seja medida de todas as coisas, significa que com "homem" Protágoras está indicando radicalmente o *metron* e nada mais que o *metron*, em relação ao qual tudo se mede. Ou seja, digamos, em relação ao qual tudo acontece como significado, tudo vem à luz como isto ou como aquilo, como esse quê de definido e de significativo ou aquele outro igualmente, e no entanto diversamente, definido e significativo (a segunda metade da proposição de Protágoras, quase sempre esquecida, diz, com efeito, que o homem é, justamente, medida de todas as coisas, "das coisas que são enquanto são, e das coisas que não são enquanto não são"; e a chave de tudo está, obviamente naquele "enquanto", que Heidegger também descobriria como articulação essencial de toda experiência e de todo julgamento).

Não basta. Insistamos ainda um instante: o que significa, mais em profundidade, "medida"? Medida é aquilo em que e a partir de que emerge e se revela o que emerge e se revela: as coisas "enquanto" são esta ou aquela coisa, ou seja, enquanto são "medidas" como esta ou aquela coisa. Medidas, então, na medida e com base naquela medida que é o homem? Sim e não, diria. Sim e não, se compreendemos bem. Sim, porque o homem é justamente a medida, segundo se lê na primeira metade do dito de Protágoras. Não, porque se pensamos até o fim o que está dito naquele dito, tomado por inteiro, incluindo-se a segunda metade da sentença de Protágoras, a coisa muda. Também "o homem" — já havia mencionado, agora talvez o mostre de um ângulo um tanto diferente — tem de recair nem tanto na "jurisdição" da primeira metade do fragmento, "o homem é medida de todas as coisas", mas na da segunda metade ("das que são enquanto são", etc.).

Ou seja. Assim que disse "o homem", eis que eu qualifiquei o *metron*, isto é, medi, disse-o como um quê de medido, justamente, de definido, de significado: e eis que também o perdi como aquilo "a partir do qual" meço, defino, significo. Ou melhor, a partir do qual "se" mede, "se" define, "se" significa. Eis a inconsistência tanto do humanismo, que justamente preocupa você, como do relativismo, que sempre declara ótimas intenções mas tem fôlego filosoficamente curto. Porque, claro, que sentido tem medir a própria medida? A medida não pode ser medida (a não ser com outra medida, o que torna a propor o problema, mas não o resolve). O fato é que a própria medida a partir da qual tudo se mede é em si, evidentemente, incomensurável (senão seria um quê de medido, e não a própria medida). Por isso diria que a verdadeira questão não é a da relatividade e da multiplicidade, mas a da incomensurabilidade daqueles "relativos" e daqueles "múltiplos" e, ao mesmo tempo, a de seu co-pertencer à medida (nesse sentido, de sua com-plexidade, com uma palavra que seria bom reconsiderar, mais tarde, mesmo etimologicamente, no rastro dessa sugestão).

Isto é, a questão teórica decisiva, aqui, é a do nexo "vertical" entre mensurável e medida, ou entre medido e incomensurável, ou entre significado e sentido, como também se poderia dizer. De um ponto de vista fenomenológico, é a questão do nexo entre o objeto constituído e o lugar constitutivo-constituinte do objeto, da objetividade, do sentido daquela objetividade. Do ponto de vista do pós-modernismo, esta é a questão (ético-estética, ético-política, ético-epistemológica) do sublime, levantada em momentos diferentes e de maneira agora mais ou menos fecunda e profunda, mas, de todo modo, inevitável. Por que inevitável? Porque com isso abrimos a ilimitada questão das ciências e das ciências-tecnologias... Ou abrimos, mais em geral, a questão dos saberes, a questão do nexo entre os saberes que nos constituem e a constituição, o lugar do constituir-se, o entrelaçamento constituinte dos próprios saberes. E, portanto, a do nexo entre significado do que se constitui naqueles saberes e práticas e ciências e tecnologias, e o sentido de sua (dos saberes, das ciências-tecnologias, emblematicamente) constituição, de seu constituir-se, de seu momento constitutivo ou instituidor...

Caro Federico, gostaria de retomar a conversa a partir de suas palavras, as últimas, sobre a constituição dos saberes e sobre o que você define como "a questão do nexo entre o objeto constituído e o lugar constitutivo-constituinte do objeto". Parece-me que exatamente aqui se tornam evidentes as conexões entre fenomenologia e complexidade, que deram o impulso inicial a nosso pensamento. Tudo isso concerne à relação entre método (metodologia conceitual) e vitalidade do processo meditativo. Mais precisamente, o que Derrida, retomando criticamente a lição heideggeriana, define como a diferença entre método e caminho do pensamento.

Desde seu surgimento, a filosofia teve de responder dramaticamente a esse problema. O poema de Parmênides é o perfeito testemunho disso. Mas primeiro com Platão e, depois, com Descartes, a antiga co-incidência entre discurso e método se dissolve, com a conseqüência nada irrelevante de que, ao longo de toda a modernidade, o método exerceu uma primazia indiscutível sobre a mesma ciência que o havia parido. Assim, em vez de acompanhar o caminho da ciência, o método (que da ciência deveria ser o instrumento) discutiu, legislou e sentenciou, sempre em nome da objetividade, sobre o que é legítimo a ciência buscar, sobre o que é acessível à experimentação e por ela controlável. Chegamos ao ponto — deixe que eu diga isto, pois todos os dias assisto à consumação deste tremendo paradoxo — em que a agenda das ciências não só é estabelecida pelos funcionários do método, mas até a própria ciência deve desembocar no método, para nele ser dissolvida. Ou seja, o objeto do conhecimento científico é digerido no método, que se tornou o lugar do poder do conhecimento.

Toda a pesquisa de Edgar Morin reflete a consciência dessa sujeição da ciência ao método. Relativizando tanto a noção de experiência como a de teoria — até o ponto de mostrar que a ciência prossegue e se enriquece também (e por vezes sobretudo) mediante métodos não científicos —, ele contribuiu para desconstruir com impiedosa lucidez os mitos da racionalidade científica. Mas isso nunca de uma posição preconceituosamente hostil à ciência. Ao contrário, de uma perspectiva de uma racionalidade crítica que torna a questionar as práticas e os procedimentos da ciência, evidenciando suas correntezas profundas e contrárias que, como um rio subterrâneo, a impelem e a fecundam.

Morin mostrou-nos que o verdadeiro fundamento é a incerteza. Portanto é de uma ética que se aventura até sua extrema fronteira que podemos remontar, através de infinitos desvios e erros, a uma verdade que só poderemos alcançar na medida em que formos capazes de procurá-la ainda.

Ora, se a busca científica da verdade se encarrega de explorar os limites de um mundo incerto, não têm o menor sentido as pretensões de pureza metodológica, a conformação de suas práticas a um método "forte" ou então a emenda de seus procedimentos internos. Daqui deve originar-se uma pesquisa nova, que conspire contra toda verdade unitária, contra os monismos e suas paródias.

Pensar com o coração. É isso, se quisermos nos pôr a caminho rumo ao tempo em que pensar já não é representar, faz-se necessária uma *cognitio* matutina, lúcida e apaixonada, uma força de atração e recolhimento, que mesmo nos muitos aparentes desvios e inversões de marcha, nos re-volvimentos e nas torções, nos leve de volta ao mistério que todo conhecimento guarda como incessante re-cor-dar.

Heráclito dizia: "As fronteiras da alma, por mais longe que você vá, não vai descobri-las, nem se percorrer todos os caminhos: tão profundamente ela se desdobra".

A tentativa de compreender o mundo através da heurística inquiridora de um *eu* que olha, cataloga, exclui e, sobretudo, pretende descrever o mundo sem dele tomar parte e sem nada dizer de si próprio, decerto permitiu que o cientificismo alcançasse seus objetivos, mas deixou como herança montes de escombros.

Uma filosofia do múltiplo reconhece sua própria missão crítica ao devolver à ciência — aqui não tem nenhum sentido distinguir entre *ciências da natureza* e *ciência do espírito* — um olhar que é, ele mesmo, condição de possibilidade para o cruzamento de novos territórios, bem além das habituais fronteiras de demarcação do dizível que o cientificismo erigiu em defesa própria, na forma de retóricas intransigentes. Até tornando a questionar o "fato", fetiche conceitual inevitável da teoria e da prática científicas. Hoje está cada vez mais claro que não há fatos. Eles nada mais são do que a reprodução de sedimentações e concreções mitológicas, acumuladas e esquecidas ao longo do tempo. No entanto é sobre esses alicerces que o cientificismo continua a produzir métodos e procedimentos que são verdadeiros preconceitos, em nome de uma suposta neutralidade.

Se isso é verdade — e aqui a trama que concebemos em liberdade se torna clara —, uma linguagem da observação pura e imodificável não pode existir. Os dados sensoriais não são nem certos, nem absolutos. São hipóstases teóricas, nada neutras e expostas a inúmeras interpretações.

Quero dizer, caro Federico, que não existe uma observação pura. Todo olhar nosso é impregnado de teorias. Embora, que fique claro, seja pura ingenuidade negar a existência de fenômenos desligados do sujeito que os coleta. Uma teoria, para usarmos as palavras de Donald Winnicott, é "suficientemente boa" por sua capacidade de relacionar-se com os fatos. Embora esses mesmos fatos não possam ser puras percepções.

Em via totalmente abstrata, poderíamos levantar a hipótese de uma ciência que abra mão da experiência. Mas poderemos voltar a esse ponto.

Caro Mauro, retomaria daqui: a filosofia da complexidade não raro reivindicou a necessidade de uma nova enciclopédia, de um saber da complexidade como saber enciclopédico. Assim Morin em seu livro sobre o método, que, todavia, acrescenta e especifica: saber enciclopédico não em sentido banalmente cumulativo, não no sentido da soma, da justaposição de conhecimentos, em bela ordem alfabética. Em outros termos, não se trata de elaborar um saber da complexidade entendendo a complexidade em sentido quantitativo.

É evidente que nosso tempo dispõe de uma quantidade de informações infinitamente mais consistente do que qualquer outra humanidade até hoje foi dotada. Mas justamente esse é o problema, não a solução. Justamente esse é o problema de fundo de nosso tempo, de nosso saber, de nossa vida social. Como manter-unida essa diferença, essa multiplicidade de conhecimentos, numa complexidade, por assim dizer, qualitativa?

No momento, essa variedade de informações é mantida-unida no sentido da coexistência de excessivas especializações, de saberes e práticas imensamente aprofundados e, na mesma proporção, imensamente incomunicantes. Claro, é uma maneira falsa de manter-unido. É óbvio que, dessa maneira, ninguém mantém unido, e nada fica unido. Não existe, dizendo de outro modo, saber nenhum. Apenas informações, conhecimentos no sentido mais superficial e, por fim, improdutivo. A pergunta sobre como manter-unida essa multiplicidade de informações — como fazer dessa complexidade uma com-plexidade efetiva, efetivamente comunicante, ou como diz Morin, na linha daquele projeto en-ci-clo-pédico, circular ou circulante — permanece não só absolutamente em aberto, mas dramaticamente impensada.

Ora, o que há pouco eu definia como a questão da genealogia ou da constituição de determinadas figuras de objetividade e subjetividade, é, creio, um modo, um modo útil, profícuo, para corresponder àquela exigência de comunicação, de compartilhamento, de interação entre saberes e conhecimentos. Acredito que a questão, ao menos em grande parte, seja convergente com o que você descreve dizendo que todo objeto científico está impregnado de teoria científica, que a experiência não é instância última à qual deve ser ligada a emersão de uma certa objetividade científica: o Sol de Ptolomeu, o Sol de Galileu... A genealogia pergunta: como um determinado objeto se torna aquele determinado objeto? Como o Sol de Ptolomeu se torna o Sol de Ptolomeu? E afinal, como num movimento infinitamente pequeno, denso, imperceptível, aquele Sol de Ptolomeu desliza, se desloca, se transforma, tornando-se cada vez menos o Sol de Ptolomeu e cada vez mais o Sol de outro alguém, de Galileu, por exemplo?

Bem, creio que a não-comunicação entre conhecimentos seja não-comunicação entre objetividades constituídas dentro de diferentes histórias, práticas, condicionamentos culturais, sociais... O Sol de Ptolomeu e o Sol de Galileu não estão no mesmo universo. Não se falam, e se pudessem falar-se, nada teriam a dizer um ao outro. (E isso também vale, que fique claro, para suas relativas figuras de sujeito, entendendo-se por sujeito nem tanto este ou aquele cientista, grande ou pequeno, Ptolomeu ou Galileu, mas a figura de subjetivação que aquela prática teórica ou experimental carrega consigo: um "olho" que olha matematicamente o mundo, um "olho" educado a ver através do telescópio, ou a manipular o mundo mediante certas tecnologias e não outras.).

Mas, se objetividades constituídas e subjetividades constituídas, cristalizadas assim como se cristalizaram, nunca se comunicarão como tais, talvez se comuniquem se e quando forem devolvidas cada qual ao momento de sua constituição, ao lugar de sua genealogia. Ali, naquela dimensão, será possível mostrar como elas se tornaram o que são, por assim dizer. E, portanto, será possível mostrar o sentido de elas terem se tornado daquele modo e não de outro. E, ainda, o *nonsense* que sempre acompanha a decisão que corta o nó e constitui o objeto de um certo modo desistindo de outro modo, apagando, amputando, retirando toda uma franja de com-possibilidades alternativas.

A com-plexidade, a en-ciclo-pédia é realmente tal quando mantém unidos objetos e sujeitos não enquanto constituídos (é o falso manter-junto dos especialismos), mas na medida em que estão se constituindo, na medida em que sempre estão se constituindo, nunca em-si, e portanto sempre se destituindo, sempre em-outro, sempre empenhados em um tornar-se-outro. É o trabalho imenso, mas também imensamente necessário, que consiste em fazer os saberes se encontrarem no plano de seu não-saber, as práticas no plano de sua im-praticabilidade (ou as medidas e os "significados" da experiência, como dizia há pouco, não só e nem tanto entre si, mas com sua desmedida e em sua desmedida).

Caro Federico, estamos de acordo. Gostaria de dizer, além disso, que não é tarefa de uma teoria científica integrar a fragmentariedade, a multiplicidade e as assimetrias dos fenômenos que indaga. Como sabemos, mesmo a mais zelosa das teorias tem seu ponto de vulnerabilidade. O que teria sido hoje das descobertas de Galileu à luz da crítica falsificacionista de Popper? E que sentido teria hoje falar das viradas de paradigma que dão vida a novas perspectivas e a novos programas de pesquisa se a ciência se movesse, como diria Leopardi, entre "sortes magníficas e progressivas", na continuidade que só legitima pesquisas coerentes com as anteriores, que são, enfim, as da comunidade científica dominante?

É preciso opor à visão da causalidade linear a idéia de um realizar-se complexo, onde os múltiplos (e talvez infinitos) fatores são chamados, cada qual por sua parte, a explicar as formas, os modos, as regularidades do mundo da vida: isto é, os fenômenos, o comportamento, o pensamento, os sentimentos, a imaginação. A essa altura deve ser dito que para falar honestamente do homem não é mais possível aceitar brutais simplificações naturalistas. Até cientistas do quilate de John Eccles e Antonio Damasio (mas poderia citar muitos mais) viram quanto é angusto o horizonte naturalista e quanto, ao contrário, o fenômeno homem se caracteriza por uma insuprimível ulterioridade.

Que fique claro, não estou negando o valor heurístico da redução científica. Gostaria, porém, que ela fosse uma das possíveis (ainda que legítimas) simplificações a que é necessário recorrer no trabalho de investigação e de interpretação. Deve ficar claro que aquela abstração que evidencia um nexo causal importantíssimo não esgota nem a complexidade do homem e da natureza, nem diz alguma coisa da evidência sensível. Além disso, assim como é preciso termos sempre consciência do limite e da parcialidade do próprio ponto de vista, também é preciso tê-la quanto à validade de outros possíveis pontos de vista. Aqui, naturalmente, se entreabre aquele horizonte extremamente problemático que eu poderia chamar, com simplicidade, de *horizonte da verdade dialógica*.

O mundo é uma sedimentação complexa constituída por superstições, crenças, incrustações de sentido, normas explícitas e não declaradas. Quando um cientista, encerrado em seu laboratório, encosta o olho no microscópio para estudar um fragmento de matéria, aquela visão descobre o multiplicar-se prismático das dimensões: descobre uma inesperada teoria de elementos, uma densíssima rede de relações. Prosseguindo em direção ao cada vez menor, a complexidade aumenta e a simplicidade se esfuma gradualmente, hesitando num "fio de fumaça", quase não tivesse, comparada à complexidade do real, consistência alguma.

Deixando a metáfora, a criatividade de um cientista é exatamente o contrário do jogo intelectual. Ele é um criador que vive de fulgurações inesperadas, de estados de graça, mas é também alguém que persegue trabalhosamente, mesmo contra si próprio, com um preparo paciente e uma longa espera, um trabalho de demolição dos preconceitos estratificados para fazer as estruturas do próprio conhecimento explodirem. À diferença das crianças que choram porque o mar confundiu seu jogo de castelos de areia, ele tem de saber aprender com as derrotas, formulando uma teoria do erro — que poderíamos definir de "ganhar perdendo" — conseguindo agüentar as vertigens nos cumes mais altos da abstração, onde o ar é rarefeito e o pensamento já não tem raízes.

Trata-se, é evidente, de uma alquimia de visões e enigmas, de sonhos e realidades, de falso e verdadeiro: em breve, de um pensamento que compreenda imaginário, simbólico e real. Nesse sentido a complexidade é levada de volta à sua elementaridade, onde luz e sombra, amanhecer e anoitecer, signo e metáfora, imaginário e simbólico, tornam-se a verdade de um jogo de mais dimensões.

É preciso começar pelo fato de que há uma incerteza originária, que no princípio é a desordem. E nessa multiplicidade caótica, nesse incalculável número de seus elementos, nossas capacidades de conhecimento encalham. Mas, se a forma e a ordem são eventos esporádicos do caos, então o real não é mais racional. Se assumirmos como metáfora "natural" o andamento das nuvens, todo modelo estático se tornará totalmente implausível. Por exemplo, uma nuvem não tem contornos. Ignoramos as condições de sua agregação inicial e as de sua evolução. Sim, a nuvem poderia se tornar o próprio emblema da complexidade das coisas.

Acrescentaria, permanecendo na imagem do céu, que, para conhecer e prever os fenômenos atmosféricos, deveríamos nos entregar não à ordem astronômica clássica, mas ao saber dos camponeses e dos marinheiros. Justamente a tudo o que, por séculos, as ciências colocaram à margem. O fogo, a nuvem, a turbulência, são conceitos múltiplos. Fazem-nos pensar em situações complexas, não analisáveis e não integráveis como multiplicidade pura. Elas representam a esperança de uma *nova aliança*, justamente no sentido de Prigogine e Stengers, de uma reconciliação entre natureza e cultura numa dimensão que conecta a realidade toda. Nessa perspectiva, uma epistemologia que faz da exatidão o eixo inevitável do conhecimento, com a conseqüência de prefigurar e traçar estruturas e formas bem definidas, tem, realmente, um espaço exíguo.

Heisenberg, Gödel, Prigogine, e outros mais, demonstraram, de modo incontestável, que só podemos conhecer em termos probabilistas. E isso é uma virada para todos. Indeterminação, falsificacionismo, descontinuísmo, anarquismo metodológico e complexidade são os conceitos do novo milênio. Se nos libertamos das lentes deformadoras de um cartesianismo deteriorado, é inevitável que cheguemos a essas conclusões. Não se trata de um preconceito sobre o método (Edgar Morin, como se sabe, ao *Método* dedicou uma verdadeira genealogia). Trata-se de tomar conhecimento de que acreditar na existência de um Método Único é uma superstição de conseqüências nefastas, um verdadeiro drama para o Ocidente.

Faz-se cada vez mais urgente perguntar e compreender o que significa para nós conhecimento científico. Se deixarmos de lado sua declinação técnica e ultraespecializada, a ciência vive desde que reconheça legitimidade e sentido aos outros âmbitos do saber. Se cumprir esse gesto, seu reconhecimento como saber rigoroso só poderá aumentar. O rigor não exclui os procedimentos lógico-demonstrativos; ele os inclui, para todos os efeitos. Mas só alargando nosso horizonte, talvez consigamos captar algo mais próximo de nossa experiência viva: o único caminho, como queria Husserl, que pode nos dar acesso a um renovado, ainda que problemático, rigor do saber.

Estamos, portanto, numa encruzilhada: perder a chance do rigor deixando de corresponder à exigência cartesiana, ou então conferir ao conceito de rigor uma outra declinação, inédita, e que não estamos acostumados a considerar. Responder a tudo isso constitui o sentido de nossa pesquisa futura.

Indícios da alma

> Diz-se: morre a palavra
> na mesma hora
> que se pronuncia.
>
> Eu digo:
> sua vida começa
> naquele dia.
>
> *Emily Dickinson*

> Ah, Malte, nós nos vamos, e me parece que todos estão distraídos e atarefados e não atentos o bastante quando nos vamos. Como se houvesse uma estrela cadente e ninguém a visse, ninguém tivesse formulado um desejo. Nunca esqueça de formular um desejo, Malte. Nunca renunciar aos desejos. Eu acho que não há realizações, mas desejos que duram muito tempo, a vida toda, tanto que não poderíamos esperar que se realizassem.
>
> *Rainer Maria Rilke*

> Nunca soube como, costeando turvos canais,
> revi, no fundo, minha sombra zombando de mim.
>
> *Dino Campana*

Do limiar da modernidade até hoje a consciência da dissonância, talvez da contradição entre o senso comum da realidade e a natureza das coisas, aumentou. A ciência contemporânea — a partir da física e da matemática — mostrou como o senso comum é uma construção ilusória e que as palavras *eu* e *nós* — nas quais ainda assim nos reconhecemos, por efeito de uma mais ou menos unitária (e, como veremos, arbitrária) autopercepção — se tornam um problema na mesma hora em que sobre elas exercemos uma reflexão crítica.

A imagem na qual nos reconhecemos não é uma descoberta, mas uma construção nossa. Desde a mais tenra idade, passo após passo, construímos uma rede de ligações entre o que acreditamos ser e o conjunto dos sinais que constitui a representação de nossa pessoa. Trata-se, na maioria das vezes, de uma mitologia pessoal, que se nos impõe como uma evidência, da mesma forma que outras mitologias da história passada e presente. Na base dessa representação há um fluxo de dados, de sinais, de informações, de eventos que fluem paralelos, sem uma harmonia interna e que traçam esboços, versões, figuras da mente que descrevem (em vez de definir) nossa personalidade.

Se, no entanto, nos mantivermos distantes do risco de fantasias metafísicas e de construções ilusórias, a nós se manifesta uma multiplicidade de traços diferenciados, exatamente quando somos induzidos a crer numa unidade coesa, distinta, específica. Ao longo do século XX procurou-se solucionar essa questão, em meio a fundamentais controvérsias lingüísticas, artísticas, filosóficas e científicas. A psicanálise, em particular, foi atravessada por um longo debate que decidiu e marcou seus discursos e percursos, suas evoluções e aquisições, dividindo-se fortemente em seu âmago sobre o sentido e o fundamento da subjetividade.

Mas o que designa esse nome? Um nome é a decisão de um enunciado de "realidade" com relação a outro, movimento de um jogo complexo. Fazer dele — qualquer que seja — a expressão de nossa personalidade é como elevá-lo a cifra de uma essência metafísica, de-historicizada, subtraída à mutabilidade do tempo e do espaço. No entanto, justamente no (e do) nome — imagem fixa e atemporal de nós mesmos — está o fascínio metafísico e mitológico de nossa pessoa.

Nesse sentido, o que significa conhecer o valor semântico do dizer *eu*? A que aludo e a quem me refiro ao dizer *eu*? Quem é o sujeito da enunciação? Quem fala mediante minha voz? A lingüística moderna mostrou definitivamente até que ponto "língua" e "discurso" são realidades cindidas, afastadas, diversificadas. Não há nenhuma relação lógica imediata entre pensamento e voz. Temos o texto do enunciado, e este decerto é produzido por nosso pensamento. Mas como fazemos para emiti-lo no discurso? Quais são as seqüências desse constituir-se da subjetividade? É isso, o problema da língua é justamente o problema da apropriação do dizer a partir do pensamento: um ato paradoxal, que implica um processo de subjetivação e de desobjetivação.

No século XX o mais alto testemunho de desobjetivação, declinado poética e existencialmente, foi a vida e a obra de Fernando Pessoa. Não há documento mais radical e impressionante do que sua obra poética e filosófica. Em 13 de janeiro de 1935, ao responder ao amigo Adolfo Casais Monteiro, que lhe pergunta sobre a origem de seus muitos heterônimos (que o próprio Pessoa atribui a uma tendência orgânica e constante à *despersonalização*), ele responde:

> A origem dos meus heterônimos é o fundo traço de histeria que existe em mim. Não sei se sou simplesmente histérico, se sou, mais propriamente, um histero-neurastênico. Tendo para esta segunda hipótese, porque há em mim fenômenos de abulia que a histeria, propriamente dita, não enquadra no registro dos seus sintomas. Seja como for, a origem mental dos meus heterônimos está na minha tendência orgânica e constante para a despersonalização e para a simulação.
>
> Estes fenómenos — felizmente para mim e para outros — mentalizaram-se em mim; quero dizer, não se manifestam na minha vida prática, exterior e de contacto com outros; fazem explosão para dentro e vivo-os eu a sós comigo. [...] Ocorria-me um dito de espírito, absolutamente alheio, por um motivo ou outro, a quem eu sou, ou a quem suponho que sou. Dizia-o, imediatamente, espontaneamente, como sendo de um certo amigo meu, cujo nome inventava, cuja história acrescentava, e cuja figura — cara, estatura, traje e gesto — imediatamente eu via diante de mim. E assim arranjei, e pro-

paguei, vários amigos e conhecidos que nunca existiram, mas que ainda hoje, a perto de trinta anos de distância, oiço, sinto, vejo. Repito: oiço, sinto, vejo... E tenho saudades deles.

Pessoa alude, aqui, às muitas figuras psíquicas que habitam sua mente, diferentes do narrador (e em si mesmas diferentes) que se alternam e (se) narram, designando um extraordinário campo de experimentação.

> Abro-me aos outros assim e imediatamente meu mundo se anima de figuras fantasmáticas, mas ao mesmo tempo coerentes na própria vida, embora seja uma vida com uma contabilidade... como dizer... não ordinária.

Nesse processo de desobjetivação, Pessoa se despede da contabilidade formal da própria existência, tornando-se Álvaro de Campos, Alberto Caeiro, Ricardo Reis, outros ainda. À desobjetivação segue uma subjetivação. Numa nota de 8 de março de 1914, ele escreve:

> Acerquei-me de uma cómoda alta, e, tomando um papel, comecei a escrever, de pé, como escrevo sempre que posso. E escrevi trinta e tantos poemas a fio, numa espécie de êxtase cuja natureza não conseguirei definir. Foi o dia triunfal da minha vida, e nunca poderei ter outro assim. Abri com o título *Guardador de rebanhos*. E o que se seguiu foi o aparecimento de alguém em mim, a quem dei desde logo o nome Alberto Caeiro. Desculpe-me o absurdo da frase: aparecera em mim o meu mestre. Foi essa a sensação imediata que tive. E tanto assim que, escritos que foram esses trinta e tantos poemas, imediatamente peguei noutro papel e escrevi, a fio, também, os seis poemas que constituem a *Chuva oblíqua*, de Fernando Pessoa. Imediatamente e totalmente. Foi o regresso de Fernando Pessoa — Alberto Caeiro a Fernando Pessoa — ele só.

Despersonalizando-se e desobjetivando-se, Pessoa emigra de si próprio para tornar a ser, pouco depois, aquele que era antes. Isso poderia ser definido como uma *fenomenologia da desobjetivação* ou, mais precisamente, uma *fenomenologia da despersonalização heteronímica*. Nesse acontecer, não só cada subjetivação implica uma desobjetivação, mas toda desobjetivação, para ser narrada, exige uma re-subjetivação. Nesse vaivém, as raias do eu são postas à dura prova, solicitadas em direções diferentes, talvez opostas. Seria implausível estigmatizar tais fenômenos como psicopatológicos. Eles demonstram que a criação poética é um processo complexo que torna impossível falar, de um lado, de uma subjetividade psicologicamente perspícua e, de outro, da inviabilidade de um caminho subjetivo para a criação.

Mas, se isso é verdade, quem escreve as notas à margem da página em sua vertiginosa viagem para o centro de si próprio? Quem traça as trilhas e os pensamentos da presença e da ausência? O *self*? O inconsciente? Nada disso? Seja lá como for, a viagem de Pessoa (e de seus heterônimos) demonstra que a vida nas raias da subjetividade não explica nada. Um poeta nasce no instante em que se despede do próprio eu. Claro, há funções (e restrições) biológicas que sustentam o falante. Mas é no equilíbrio instável entre a biologia e acontecimento psíquico, no desvio entre funções vitais e história interior, que acontece — como observou Giorgio Agamben — o *constituir-se falante do vivo* e o *sentir-se vivo do falante*.

Então deveríamos nos perguntar: podemos imaginar a poesia, a criação poética, como um processo de subjetivação e de desobjetivação? O que é o *eu* poético? Ou melhor, quem é o *eu* poético? Pode ser um *eu* enquanto tal: um *eu* idêntico a si próprio e que diz poeticamente o mundo das fronteiras do próprio corpo? E esse eu poético está sempre em si próprio ou, em certa medida, é outrem do si que vive no próprio tempo e no próprio espaço mas, concomitantemente, fora do si e no interior da criação?

Não há beleza, surpresa, espanto — e portanto invenção poética — sem alienação de si mesmo, sem uma saída de si mesmo: em breve, sem desobjetivação. A criação poética, o próprio ato de uma palavra, implica inevitavelmente uma desobjetivação. Falando do *eu*, a grande escritora Ingeborg Bachmann escreve:

> Um eu sem garantias. O que é, com efeito, o eu, o que poderia ser? Um astro cuja posição, órbita, nunca foram totalmente identificadas e cujo núcleo é composto de substâncias ainda desconhecidas. Poderia ser isto: miríades de partículas que formam um eu, mas, ao mesmo tempo, o eu poderia ser um nada, a hipóstase de uma forma pura, alguma coisa similar a uma substância sonhada.

Com um gesto eversivo das certezas de um eu soberano que governa, observa, legisla e decide em torno de seu campo de ação, Bachmann avança poeticamente a hipótese de um eu similar a uma substância que se sonhou, ao movimento de uma miríade de partículas. Desse modo, Ingeborg Bachmann designa um território extremo, no limiar da consciência, comum não apenas à criação poética, mas também à reflexão, à meditação mística, até ao ato da palavra como tal.

Estamos às raias não só do dizível, como também do pensável. A questão, em outras palavras, é se a experiência pode ser pensada nos termos que imaginamos no momento em que consideramos o pensamento como objeto de nossa atividade mental. Mas este, bem sabemos, é um campo duvidoso. Com efeito não basta dizer "eu penso" e ser perfeitamente lúcido. Ao dizer "eu penso", minha atividade psíquica excede o limite do pensável, resvalando no impensável. Sou inevitavelmente arrastado para a fronteira das coisas e do sentido compartilhado com os outros. Mas tampouco estou lá fora, fora de mim mesmo, quase como se fosse uma coisa ou outro *eu*.

É essa experiência de estranhamento a me dizer que é assim que me mostro, que sou, e a induzir-me a agir conseqüentemente. Os olhos do outro — que sou eu quando ultrapasso essa fronteira — me olham. Ou, melhor dizendo, olham-me através dele.

Seus olhos traem uma alma que se apropriou de um rosto, de uma máscara: uma alma estrangeira (embora de traços próprios) que não deixa de ser "máscara". É isso: poeta é o supremo criador de máscaras, de fingimentos, porque é sua a voz que faz a superfície falar no lugar da profundidade, dissimulando seu mistério e, concomitantemente, o *pathos*.

Tudo olha e fala, exceto o que está dentro dele. Fica um rosto de semblantes falsos, uma alma duplamente alienada de si mesma: porque o rosto ao qual ela dá vida é falso, indi-ferente, reproduzido na voz passiva; porque fora de si mesma (admitindo que falar de "si mesma" tenha algum sentido, quando todos — o poeta, o heterônimo, o leitor — desejam emigrar) ela desliza para o afã que dá início a uma dança de semelhanças exteriorizadas.

Mas o que nos leva a buscar no poeta uma correspondência entre alma e rosto? O eu, é claro, jamais verá o próprio rosto. Eu mesmo nunca verei meu rosto. No máximo posso ver parte de meu rosto num espelho. Mas nunca conseguirei ver a parte com que o rosto se revela a mim, através da qual minha alma se manifesta: meus próprios olhos. Claro, olho para mim mesmo. Mas o meu ver oblíquo, que não olha os olhos, é des-locado com relação ao corpo: um corpo refratário à alma. Deve ser para os olhos como para cada órgão dos sentidos: para uma mão que não sente seu tocar, um nariz que não sente seu cheirar, uma língua que não sente seu saborear, uma voz que não consegue ouvir.

É como se estivesse em ação um *giro de olhar do eu*, que dificilmente reconduz à imagem externa, refrata, de minha figura, de meu rosto. A certeza do *eu* — a evidência que levou Descartes a pensar que nada está mais próximo da mente do que a própria mente — é esculpida na escuridão, na ausência de figuras, de cores, de contornos. Quem pode provar — ou seja, uma prova que passe pela consciência — que a fisionomia de nossa imagem é a que realmente nos pertence? Ao que se deve essa dissonância (e essa distância) entre a identidade interior e o meu rosto? Ao que devo essa perplexidade, essa estranheza que me toma diante de uma fotografia minha? Ainda, como é possível ser estrangeiro a mim mesmo, para mim mesmo, e não para os outros? E, enfim, como é concebível um nome, um rosto para os outros e não para mim mesmo?

Estrangeiro não é aquele que, desde o início, nos parece um estrangeiro, mas aquele que se revolta diante do fato de não poder ser tomado pelo estrangeiro que é a seus próprios olhos; aquele que cultiva minuciosamente a paisagem de vozes sem rosto e de expectativas sem futuro da própria interioridade; aquele que vem do vazio do impossível espelhar-se de um no outro, do desejo na resposta, do sonho no sentido.

Nesse limiar tem origem a experiência poética: experiência de todas as dobras íntimas da linguagem e de suas fronteiras. Assim vive, sem nenhuma di-ferença entre as coisas, enchendo-se de vozes de viandantes exilados, amantes, heróis; nomeando a dor e tirando daí seu grito. Assim vive na transparência de um intervalo imperceptível, no gesto silencioso que dá espaço à escuta: um espaço *ek-statico*, exilado de si mesmo, que não pode estabelecer vínculos duradouros.

No instante em que falo, tenho a impressão de que minha pessoa, em vez de parecer-me a unidade coesa e integrada em que sempre acreditei, esteja deslizando para um campo de tensões e incoerências que revelam o caráter paradoxal de minha existência. É o contragolpe entre o que sou e o que não sou. Todas as estações da vida vividas em sonho que deixei para trás, temporadas intensas e desejadas, acompanham-me sem que eu possa jamais separar-me delas, nem sequer por um instante. Todo dia encontro-me cara a cara com elas. Mas, por mais estranho que possa parecer, nunca as encontrei. Nenhuma linguagem tem condições de restabelecer a paradoxalidade dessa condição. Porque nenhuma linguagem consegue se encarregar da realidade jamais acontecida, aquela realidade inefável que se diz através dos buracos, das lacunas, dos abismos que se abrem no texto que a escrita narra. Nessa escrita, onde somos e não somos — na ambigüidade que a linguagem denotativa não compreende (por lhe escapar o cone de sombra projetado pela irrealidade de nosso ser) —, subtraímo-nos das abstrações, das idealizações protetoras, dos arbítrios da vontade na qual nos iludimos de que nossa realidade consista, devolvendo-a ao jogo entre esferas claras e obscuras em que minha existência transcorre e se declina.

Ao contar minha história nasço de novo. É minha escrita a definir, com suas imprevisíveis vicissitudes, o estilo através do qual peço aos outros que me compreendam. Mas esse não é um ato arbitrário de minha vontade. Nem sequer o relatório objetivo de minha existência passada. De um lado, busco-a como uma lei misteriosa e necessária; de outro, descubro-a como minha verdadeira existência que a página deixa aflorar.

Meu novo nascimento (que a escrita solicita) é o olhar renovado que abre caminho na in-de-cisão entre o que em mim mesmo vai se impelindo para frente (como o que não tem estabilidade) e o que é o tempo todo arrastado para longe no destino aberto dos signos. O arco dessa tensão — o campo de forças que cruza o espaço de minha existência dividida entre a angústia das origens e um segundo nascimento — é solicitado por um gesto ético essencial, interno ao próprio ato da escritura. Esse novo nascimento não é uma versão estética alternativa. É o esforço que faz nascer novas palavras, o esforço que revela como as palavras dos que me antecederam e contribuíram para formar a versão oficial de minha pessoa não têm mais condições de me narrar. Nelas já não consigo reconhecer-me, embora aquelas palavras me sejam familiares e tenham por um bom tempo morado em mim.

Meu novo nascimento é um caminho. Um caminho apontado pelas emoções que contam o que eu ainda não sou. Minha escritura conta da coragem de um novo caminho e, inevitavelmente, o sacrifício daquilo que fui. Falo disso até que, contando o que fui e toda a dor que senti, uma nova história aparece. Assim, no momento exato em que é pronunciado, meu nome, silencioso, se transcreve, situando o impensado no cerne do pensamento e o pensamento no limite do impensado.

Essa *palavra-que-se-torna-escuta*, para se tornar escuta, tem de lutar contra os próprios limites da linguagem, aventurar-se em direção aos territórios alvorecentes do silêncio. É isso... o silêncio... única palavra à altura do impensado. Mas, para poder ouvir o silêncio, é preciso dispersar toda identidade, abrir mão de toda morada estável, abandonar a fé no poder da palavra. Esse silêncio é uma palavra para além do mundo, um eco distante, mal perceptível, uma inesgotável interrogação, o sinal de uma escrita que abomina toda resposta.

Essa *palavra-que-se-torna-escuta* — num silêncio que manifesta outros silêncios — está distante da emotividade da alusão que a torna simples pré-texto de uma pergunta. Essa viagem em direção à palavra, esse modo de ser da palavra, essa experiência da palavra, é uma dimensão da escritura. Não alguma coisa exterior — uma ausência ou uma experiência da impotência de dizer —, mas uma viagem entre vazios e cheios, uma confissão, um diálogo, uma sentença. Ao misturar-se e entrecortar-se desses modos, o silêncio suspende todo afã veritativo que o pensamento tende a reproduzir, acompanhando a própria narração através das escansões, das pulsações, das pausas da linguagem, dos acréscimos, das interrupções, das mudanças de registro.

Atravessar as páginas do silêncio significa, então, de-cidir a palavra da retórica claustrofílica da reflexão, que é ao mesmo tempo pudor, tonalidade ética, responsabilidade em relação à perda que incessantemente somos para nós mesmos. Mas tudo isso não significa, talvez, que é sobre o silêncio que precisaríamos tornar a nos entender? Não é esse silêncio — que, de um lado, é a inatingível arte da palavra e, de outro, o indizível de cada palavra, o improduzível de toda presença — que deveríamos recomeçar a pensar?

Este é o *Cruzeiro do Sul* onde os pensamentos se encontram ao separar-se, onde os vocábulos, em breves instantes, interrompem e ferem o branco da página. Impedindo todo feitiço, eles narram, com o silêncio e sem nenhuma ilusão, as intermitências do coração, a loucura de uma exterioridade insone e precária que, da linguagem, desvela o avesso. Como seu próprio avesso.

COMPANHEIROS DE VIAGEM

AGAMBEN, G. *Quel che resta di Auschwitz*. Turim: Bollati Boringhieri, 1998.

BACHMANN, I. *Con le migliori intenzioni*. Milão: Garzanti, 2001.

_____. *Conversazioni private*. Milão: Garzanti, 1999.

_____. "Il dicibile e l'indicibile: la filosofia di Ludwig Wittgenstein". In: *Il dicibile e l'indicibile: saggi radiofonici*. Milão: Adelphi, 1998.

GARGANI, A. G. *Il pensiero raccontato*. Roma; Bari: Laterza, 1995.

PESSOA, F. *Il libro dell'inquietudine*. Org. Antonio Tabucchi. Milão: Feltrinelli, 1986. Ed. brasileira: *O livro do desassossego*. Composto por Bernardo Soares, ajudante de guarda-livros na cidade de Lisboa. São Paulo: Companhia das Letras, 1999.

_____. *Poesie di Alvaro de Campos*. Org. Antonio Tabucchi. Milão: Adelphi, 1993.

_____. *Una sola moltitudine*. 2 vols. Milão: Adelphi, 1990.

RELLA, F. *Il silenzio e le parole*. Milão: Feltrinelli, 2001.

_____. *Negli occhi di Vincent*. Milão: Feltrinelli, 1998.

Aquém do último horizonte

> Não, fique longe das casas, evite-as:
> uma casa pode ser uma morada celeste
> ou terrestre, mas sempre é a morte.
> Evite toda morada: a alma só é
> realmente ela mesma quando
> anda por um caminho aberto.
>
> Walt Whitman

> Vejo as coisas em meu pensamento com clareza, até o horizonte. Mas me aplico a descrever somente as que estão do outro lado.
>
> Marcel Proust

O caminho do conhecimento é sempre ladeado por extraordinárias epifanias. Para quem busca na profundidade, mais cedo ou mais tarde acontece — por aproximações inéditas ou fulgurações ofuscantes — intuir novos horizontes, caminhos inesperados. Por vezes, repentinamente, o que ao olhar do hábito parecera verdadeiro se colore de nova luz, como uma nova ordem das coisas.

> *Certa manhã talvez, andando num ar de vidro,*
> *árido, virando-me, verei cumprir-se o milagre:*
> *o nada às minhas costas, o vazio atrás*
> *de mim, com um terror de embriagado.*
>
> *Depois, como numa tela, alojarão de vez*
> *árvores casas morros para o costumeiro engano.*
> *Mas será tarde demais; e eu partirei calado*
> *entre os homens que não se voltam, com meu segredo.*

Nesse esplêndido poema, Eugenio Montale mostra todo o espanto desestabilizante daquela passagem do sentido habitual ao não-sentido, quando as iterações dos gestos diários se convertem em inesperada paisagem do nada, e nos acompanham até o assombroso limiar da transcendência, até o arcano e alvorecente fascínio do nada. Mais adiante, outra rima de fratura atravessa a lírica: aquela entre "homens que não se voltam" e o "segredo" do poeta que, na encruzilhada entre a experiência do vazio e o "engano habitual" da realidade, à mercê das vertigens, vacila como um bêbado.

Mas o que é que, naquela fria manhã, subverte de repente as leis do mundo? O que revela o engano do óbvio? Que evento pode ser irreversível a ponto ("será tarde demais") de impossibilitar o retorno ao sentido comum das coisas? O que transformou as imagens fiéis da realidade em *ícones infiguráveis*? O poeta já não crê no mundo das coisas próximas. Homens que não se voltam afastam-se. Pelo caminho costumeiro, sem olhar para trás.

Montale dá voz ao pressentimento de uma nova ordem que já Rainer Maria Rilke havia posto em versos:

> *uma imagem, não, uma realidade,*
> *uma estranha, incompreensível, monstruosa realidade,*
> *em que me encontrei mergulhado sem querer.*

Aqui vem ao pensamento um lugar clássico em psicopatologia — a famosa e terrível pergunta da "doente de Sandberg" que, no precipitar-se de seu delírio, diz: "Há alguma coisa... Diga-me, o que há? Não sei. Mas alguma coisa aconteceu" — que mostra todo o poder da catástrofe dos significados internos e exteriores do tempo e do espaço, diante da revelação transfigurada, distorcida, deformada, do mundo. No que con-siste esse *mysterium tremendum*? *Quem* experiencia o enigma emergente e inundante que deforma a lógica e a percepção do mundo? *Quem* perde *a evidência natural das coisas*? *Quem* questiona a ordem do mundo, até abalá-lo em seus alicerces?

Para encontrarmos respostas não é a uma das muitas teorias racionais da ciência que precisamos nos dirigir, mas ao poder transfigurador da poesia, a seus mistérios inacessíveis e segredos abissais; ou à música, a mais extraordinária e assemântica das artes, entre todas a mais intuitiva e formal.

Nos *Lieder* românticos alemães há uma imagem, o *Wanderer*, que com um requinte insuperável, exprime o segredo do *viandante*: aquele que não se volta para trás; aquele que não tem meta nem morada; aquele que parte sem voltar; aquele (o estranho, o diferente, o excluído, o *xenos*) que é rechaçado pelo mundo e por seus próprios sonhos; aquele que — maldito na medida em que é *voyant* — carrega consigo, como na *Vie antérieure* de Baudelaire, "*le secret douloureux qui me faisait languir*".

Respira-se o mesmo anseio em *Die Winterreise* (*A viagem de inverno*), um ciclo de *Lieder* de Franz Schubert com versos de Wilhem Muller. Uma gélida paisagem de inverno — onde a morte da Natureza é o sinal do mais radical desencanto e da perda de qualquer ilusão — serve de pano de fundo para a travessia solitária do *Errante* das terras do nada. Há, em Schubert, na relação entre melodia e palavra, um autêntico *Einfall* (dom da inspiração), uma doçura lírica, um *pathos* trágico, um heroísmo rebelde, um niilismo e um ateísmo heróicos, que se fundem numa atmosfera intensíssima, rasgada por poderosas fulgurações filosóficas.

Se nos primeiros doze *Lieder* o tormento do amor não correspondido, a infelicidade e o desengano eróticos dão abertura à arrasadora descoberta da impossível fidelidade do coração, nos doze *Lieder* seguintes a desilusão se torna mais dilacerante e aguda: a unidade do ciclo reverbera numa extraordinária e lancinante grandeza. As lágrimas, que expostas ao gelo do inverno escorrem no contraste entre uma natureza gelada e um fogo interior nunca aplacado, remetem de perto às "lágrimas não derramadas" de Leopardi. Os corvos — sinistra alegoria da hostilidade da cidade para com o estranho (VIII, 2) — volteiam, ao longo de todo o caminho, sobre a cabeça do *Errante*, em sinal de inimizade, única fidelidade possível. O caminho do *Wanderer* — disseminado de sinais, indicações, leis, costumes — é seguido por todos, exceto pelo eu-narrador. Resta um único caminho aberto diante dele: um caminho "do qual ninguém retornou" (*Der Wegweiser*, XX, 4). O viandante só pode confiar suas desesperadas esperanças a uma folha que o vento arrancou e dispersou. Schubert olha o mundo por entre um véu. Não raro, ama repetir "A felicidade está onde não estamos". Embora consciente de sua doença, indiferente ao fim próximo, é movido por uma impressionante força compositiva. Schubert sofrera, e entendera. A dor havia debilitado sua inteligência, mas havia revigorado sua alma. Isso é o que se deduz com clareza de um pequeno poema de seus 25 anos, "O meu sonho": "quando canto o amor", anota, "este se transforma em dor; mas quando, ao contrário, queria cantar a dor, ela se transformava em amor". Essas mesmas palavras um dia vão ser pronunciadas por Zaratustra. O único estímulo para a vida — escreverá — é a dor. Da música e da dor nascerão as criações mais felizes. Mas é da dor que surgirão as que alegrarão o mundo.

No ocaso de sua vida, Schubert põe em música um tremendo poema de Heine, "O sósia". Na calada da noite, o *Errante* volta ao lugar que um dia testemunhou o tremor de sua alma, por amor. Mas debaixo daquela janela, que já não deixa perceber os traços da mulher amada, há apenas um homem desesperado e irrequieto. Aclarado pelo luar, o rosto revela ao *Errante* seu próprio semblante. Como num desdobramento, o *Errante* reconhece a si mesmo no semblante de um estrangeiro. Mas si mesmo, quem? Talvez o viandante, morto, esteja simples e obsessivamente contemplando a si próprio? Ou então, vivo, mas sombra de si mesmo, deixa eclodir a despudorada pretensão de que a própria identidade se alimenta, entrevendo no outro o tormento de ter que responder ao nada?

Ébrio de um desejo insatisfeito, seu amor anseia uma plenitude inalcançável. Torna-se, assim, linguagem poética de imagens, estático mistério do mundo, perturbador veículo da memória transfigurada em ícone de salvação.

Foi breve a vida de Schubert. Devotada por inteiro à música, à arte, à alma. Indiferente às inessenciais determinações do mundo, a música nele se torna espírito do universo, chave de acesso a todo segredo, libertação de uma silenciosa opressão. Em seu epistolário, anota: "Apesar de tudo, trabalho como um Deus". Caminheiro sem meta e sem volta — carrega consigo apenas uma imensa capacidade de sofrer e expandir-se. É-lhe estranha toda generalidade que abarca o pormenor. Toda escolha é um irreproduzível momento lírico: o mais vivo, mais verdadeiro, mais justo, de uma vida indiferente a qualquer outro acontecimento. Tem uma única fé: a autêntica e incontaminada expressão da criação. É nesses registros que o compositor rompe e subverte os antigos equilíbrios. Uma nova ordem subverte até as estruturas mais revolucionárias que criadores como Cherubini e Beethoven sempre haviam adotado e invocado.

Os acordes, os movimentos rítmicos, as melodias, são para Schubert entidades superiores à construção musical contingente, sinais e linguagens de criaturas vivas, concreções psíquicas profundas. Ele vê barreiras onde os outros tinham visto vitórias do espírito. Os demônios interiores que o levarão, em vida, a recomeçar sempre desde o início para conquistar cada vez mais metas serão os mesmos que farão dele um dos máximos heróis da criação na história da humanidade.

Em *A música e o inefável*, Vladimir Jankélévitch escreveu que "quem fala sozinho é louco; mas quem canta sozinho, como o pássaro, sem se dirigir a ninguém, é simplesmente alegre". E ainda:

> A música é em si e em sua inteireza uma *festa*. Mas se a meia hora mágica que se chama sonata se assemelha a um oásis encantado ou a um jardim fechado no deserto dos dias úteis, a uma ilha feliz no oceano da cotidianidade, essa mesma meia hora, já que forma um eterno presente, um universo à parte, e uma totalidade, é, por outro lado, absolutamente séria.

E acrescenta: "A música nada significa — mas o homem que canta é o lugar de encontro dos significados".

Outro jovem, delirante e deforme, transfigurara em versos a necessidade de absoluto, o fascínio metafísico do infinito. Giacomo Leopardi havia dado voz — com a música do pensamento puro — à dissonância vertiginosa entre a experiência ordinária do espaço e do tempo, e a do espaço e do tempo infinitos. Sua solidão sideral nos convida por entre espaços ilimitados, durações imotas, horizontes imensos, a assistir ao espetáculo clamoroso do nada, à beleza desolada de um espaço onde nem sequer o nada pode acontecer.

A mente naufraga em meio a silêncios cósmicos, respirações da terra, mistérios remotos do vento, imutáveis ciclos do tempo, movimentos da lua sussurrando sua ascese com o silêncio, fiel a si mesma, como uma palavra para além do mundo, um eco distante, mal perceptível. Também errante caminheiro, ele sabe que nenhuma filosofia pode orientar o caminho. Pelos territórios que atravessa — uma sebe, um trilha da aldeia, uma paisagem vesuviana: todas estações de seu incansável interrogar —, Leopardi tem por única companheira a escrita. Ele elude toda remissão simbólica, toda alusão metafórica. Nenhum signo vive em lugar de outro. Nenhum gesto remete a outro. Cada signo é este mesmo signo. Puro e desnudo. Nunca simples metáfora.

Quanto mais desmedida e consciente sua dor, tanto mais intenso o prazer estético. Quanto mais aguda e dilacerante a pergunta filosófica, tanto mais sublime a beleza de uma nova forma, a espera que se torna destino nas formas de um mistério perpétuo, que para sempre se renova e para sempre ecoa, fulgente, nos espaços sidéreos das formas, respondendo como um grito de dor que se transforma em canto, graça pura.

Quem sabe, talvez pudéssemos dizer, num jogo de subversão, que é justamente essa dor cósmica o que possibilita a expansão de um sentimento que nunca resvala em sentimentalismo obsoleto, em romantismo autocomplacente.

Com o *Canto noturno de um pastor errante da Ásia*, Leopardi abre-se aos grandes mistérios da existência, aos temas profundos da vida e da morte. Aqui, o tempo frágil do pastor, o apressar-se da vida do homem em direção ao nada, se confronta com a vida imortal do universo, com o *infinito andar do tempo*, com o eterno círculo da existência terrena. A grande pergunta sobre o mistério da vida, solicitada pela imóvel ciclicidade da lua, estende-se a outras perguntas: a absurda contraditoriedade da condição humana; o fluir do tempo humano, de seus dias e suas estações ("a qual doce amor seu/ Sorri a primavera"); o espaço e o tempo siderais que tornam ainda mais incerto o significado da vida do homem; a indecifrabilidade do mistério do universo e do eterno movimento do tempo no infinito, que abarca *o ser frágil* (e mortal) do pastor. O tempo de Leopardi se transfigura para reviver mais intensamente numa ordem memorial — a "lembrança", a "recordação" — que dá uma dimensão não efêmera ao puro fluir do tempo e restitui um novo sentido à vivência.

Poeta do horizonte, Leopardi vê a "fronteira azul-celeste" iluminada apenas pela luz da lua. Ele descobre, aquém do último horizonte ("esta sebe que de tanta parte/ do último horizonte o olhar exclui"), mais uma fronteira. Além das margens retalhadas da sebe revelam-se "intermináveis espaços" e "sobre-humanos silêncios" e "profundíssima quietude". O vento que acaricia as folhagens se torna voz de um silêncio (de outro modo impossível de ser percebido) que narra as "mortas estações" e a "presente" estação; de um instante e de todos os tempos; do tempo e de sua ausência; dos eventos históricos e da eternidade.

A mente parece atônita. Admirada. À deriva. A remota fronteira celeste, aquém da qual estávamos na proximidade de todas as coisas, chega a nos tocar. No ponto exato de sua proximidade máxima, revela-se para nós o mistério de um espaço sem fronteiras, de um tempo que deixou de imitar o espaço, mas que se difrata vertiginosamente em eventos e coisas.

No *Zibaldone*, Leopardi retoma, superando-o, o tema do sublime, tão caro a Kant:

> É imensamente prazeroso, ainda, pelas razões supracitadas, a vista de uma inumerável multidão, como a das estrelas, ou das pessoas [...], um movimento múltiplo, incerto, confuso, irregular, desordenado, uma ondulação vaga [...] que a alma não possa determinar, nem conceber definida e distintamente como o de uma luta.

Pouco antes escrevera:

> Para esse prazer contribuem a variedade, a incerteza, o não ver tudo, o poder, por isso, vaguear pelo espaço com a imaginação, com relação a tudo o que não se vê.

O conceito de "sublime", que em Kant brotava da percepção do imenso, em Leopardi se transforma na experiência do limite. A secreta, assombrosa felicidade que faz nosso coração tremer não deriva da visão do céu, mas do infinito, que faz com que nos debrucemos e transitemos além do horizonte: melhor dizendo, para além da multiplicidade de horizontes que recortam o mundo num jogo de luzes e sombras. Essa passagem secreta nos acompanha ao próprio cerne das coisas, em sua verdade, que nenhum olhar, por mais agudo que seja, pôde alguma vez colher.

Talvez não seja implausível observar que Leopardi dá vida a uma *epistemologia do limite*, a um estatuto cognitivo do horizonte como limiar. Um limiar, todavia, que não se coloca como fronteira das coisas, mas no próprio cerne das coisas. E mais. Quando anota que pode "vaguear pelo espaço com a imaginação, com relação a tudo o que não se vê", ele abre a possibilidade de uma imaginação que tenta tornar visível o invisível, dar forma àquilo que não tem forma ou imagem. A dissolução do último horizonte mundano patenteia outro horizonte, *dentro* das coisas: o do porvir da possibilidade de o *eu* e o outro, que nunca simplesmente são, se tornarem.

Vem à mente Proust, seu corpo-a-corpo com a memória. Seu recordar não tem nada a ver com o mito de *kronos-mnemosyne*, que está na base do poder prodigioso da *ana-mnese*. Seu recordar é feito de cheios e vazios, de *intermittences du coeur*, como movimentos de um passado que a memória amiúde não reconhece, tropeços que dão vida a uma força imensa de transfiguração e de expansão.

A memória voluntária — memória da inteligência e dos olhos — do passado só restabelece aspectos inessenciais, como um álbum de fotografias. As lembranças involuntárias, ao contrário, restabelecem um equilíbrio justo entre memória e olvido. É este que nos faz reencontrar o que fomos, como se fosse necessário perder para tornarmos a ganhar, no tempo, o que do tempo se perde. É o esquecimento a permitir que a vivência reaflore como viver que vem à consciência. Vivência da vida, porém. Não vida da vivência. Assim a existência pode recompor os atos descontínuos do ser, abrindo caminho para o núcleo mais íntimo do *eu*.

Para além dos círculos concêntricos do *eu*, no centro mais íntimo e quente onde o tempo se origina, não há uma ordem que viva por si. Só um movimento de *con-córdia* e *dis-córdia* aberto ao porvir. Assim, um novo tempo entra em nós. Um tempo, uma esperança, que nos transforma, precisamente como uma casa, diria Rilke, na qual tenha entrado um hóspede. Não sabemos dizer quem entrou. E, talvez, nunca saberemos. Mas muitos indícios dizem que o *por-vir* entrou em nós, muito antes de acontecer.

Quando, absortos na recordação, remontamos o rio do tempo, os anos nos parecem promessas do por-vir. Tudo nos parece uma promessa do por-vir. Cada coisa é, ao mesmo tempo, infinita e insondável, quase furtada à contingência do tempo. O passado então parece um fio que torna contínuo o descontínuo.

Não há memória que tenha respostas. Nenhuma resposta pode se cumprir, a não ser no esquecimento: um esquecimento que se torna ausência: uma ausência que, para dizer de si, não necessita de raízes: raízes que o êxodo da origem e da ilusão de que a lembrança possa des-velar (e não apenas revelar) transforma em pura errância. Eis por que é im-possível perguntar, e esperar. Na medida em que é interrogação, então, o tempo não encontra respostas na memória. Na melhor das hipóteses, tempo e memória podem chamar-se um ao outro na oscilação inatingível que os divide e os une: uma pausa evanescente, uma tênue extremidade de terra. Rastros nômades. Proibidos. Insatisfeitos. Rastros que o tempo ex-põe a uma fidelidade difícil. Assim, nenhum tempo é mensurável pelo fundamento, mas por sua errância. O tempo nos chama para o mistério e para a graça, para a coragem e a esperança de um por-vir imprevisível e sem expectativas.

Na *Recherche*, quando nada mais sobrevive à morte dos seres e das coisas, eis que se ergue, salva por uma frágil sensação, a casa das lembranças. A busca do tempo perdido é a busca de um lugar da poesia, de uma verdade: inevitavelmente, da verdade como busca. O eu da *Recherche* tem sua própria natureza. Não é o *eu* onisciente, a serviço de quem escreve para observar e narrar. É o *eu* incerto, fragmentado, contraditório, de uma personagem que padece de asma e que procura se narrar através da experiência e da memória de um escritor que não consegue escrever um romance. No entanto, aquele escritor que não hesita em considerar-se fracassado e de memória incerta e obsessiva tem muitas coisas importantes para contar.

Este é o paradoxo da *Recherche*: um escritor-personagem sem a menor confiança em si próprio, mas com extraordinárias capacidades de fabulação, ironia e inteligência, consegue desnudar os mecanismos psicológicos e comportamentais do mundo em que vive; lançar luz no subsolo da alma, fazendo emergir novamente fatos remotos de nossa vida, totalmente esquecidos; elaborar uma teoria refinada da arte da poesia, precisamente enquanto se objetiva na criação; e tentar uma aproximação própria e singular da verdade (continuamente exposta ao erro); comprometer-se até o tormento na análise dos grandes sentimentos humanos do amor e do ciúme como revelação da solidão humana; enfim, descobrir poeticamente as infinitas conseqüências do passado, suscitando sua ressurreição em páginas de absoluta felicidade e de extraordinária criação.

A *Recherche* não é apenas uma extraordinária fabulação, mas um mundo de vertiginosas e contínuas mudanças de perspectiva. Fora de Combray, onde a rotina diária conserva a quieta imobilidade de um presépio, a realidade é uma incessante metamorfose. Nada há de estável. Nem sequer o *eu* que contempla os objetos e os reflete:

> Tinha uma sensação de cansaço e perturbação ao sentir que todo aquele tempo, tão longo, não só fora ininterruptamente vivido, pensado, segregado por mim, que ele era minha vida, que era eu mesmo, mas que, além do mais, tinha de mantê-lo a cada instante agarrado a mim, que ele me sustentava, empoleirado sobre seu vertiginoso ápice, e que não podia me mexer sem deslocá-lo. O dia em que ouvira o som da campainha vibrando no jardim de Combray, tão distante e no entanto tão profundamente interior, era um ponto de referência naquela enorme dimensão que não sabia ter. Era tomado de vertigens ao ver abaixo de mim, e todavia em mim, quase como se eu tivesse muitas milhas de profundidade, tantos anos.

Só a meditação estética do protagonista subtrai as coisas de sua instabilidade natural, permitindo-lhe perseguir, para além do porvir do mundo, a esplêndida imobilidade das essências. Mas o próprio protagonista é acossado pela morte. Talvez não chegará sequer a concluir sua obra, que, como todas as obras humanas, está sujeita à impaciência do tempo e só de um lugar distante pode refletir — como a sonata de Vinteuil que evoca uma inalcançável "pátria perdida" — a quietude das essências.

Mas o mundo incerto da *Recherche* não pode ser atribuído somente às metamorfoses dos personagens, à transformação de sua perspectiva de realidade. Proust luta intrepidamente para "isolar" a si próprio da escrita. Distinguindo-se de seu criador, a obra deve separar a própria alma (*l'âme originale*, dizia o autor) do *homme périssable* ao qual estava acorrentada. Só rompendo a unidade do próprio *eu* — com a solidão e a sombra como únicas companheiras noturnas para a criação — poderia alcançar os próprios objetivos. Inquieto e descentralizado, esse *eu* permite que o romance atravesse a matéria invisível do tempo, navegue pelas superfícies da psique humana e, concomitantemente, mergulhe nos abismos misteriosos do inconsciente.

Uma das grandes intuições de Proust foi ter dissolvido prismaticamente o mundo (e o *eu* que o experiencia) nas imagens de um passado que se revela e consegue transformar-se em consciência ao contar a própria verdade. Sua viagem vai narrando aos poucos, e com convicção cada vez maior, a própria inaptidão para a vida, a própria insegurança ontológica, a própria incapacidade de escrever e, enfim, o desgosto pela literatura. Não obstante, a sensação de fracasso não o impedirá de continuar a escrever o romance de uma consciência dilacerada, dolorida, dividida. Como não pensar em Fernando Pessoa, que confessa não saber com quanta sinceridade ele mesmo fala, e de "um eu que não sei se existe?"

Na *Recherche* o escritor-protagonista não tem nada do herói intelectual tão na moda naqueles anos. Sozinho, doente e sem o menor alívio para a solidão, cruza as paisagens infernais do vício dando vida a uma criação ladeada de irradiações dedutivas, de explorações de possíveis verdades. Como escreve Giovanni Macchia, sua invenção literária é atravessada por

> uma forma de alegria interior, uma alegria da inteligência e dos sentidos, que chega a uma forma de atordoamento, divisão indistinta e luminosa, a ponto de nos deixar indiferentes até à idéia da morte. Pode-se alcançar a essência da criação. Criação é alegria, e nem a doença, nem a dor podem fazer algo para obstá-la. E assim a *Recherche*, essa obra trágica, demoníaca, infernal, inteiramente atravessada pelo sentido da morte, uma imensa alegoria, uma alegoria do dilúvio, uma

tragédia de final feliz, sem assassinos, e onde só o tempo destrói e mata, também é uma grande homenagem à liberdade do espírito e à alegria; à alegria que a vida em suas visões, puras, e como desencarnadas, oferece a quem sabe observá-la, sem recuar diante dos tormentos e das doçuras que só a literatura, a dignidade da literatura, consegue nos oferecer.

Para Proust, as verdades intelectuais são menos profundas e necessárias do que as impressões, as sensações, as percepções. A consciência desconhece a importância do que se nos mostra de maneira fortuita. Apenas daqui é possível remontar e reconquistar a alegria de uma realidade feita de luz e sombras, de memória e olvido.

Proust debruça-se sobre o livro interior dos sinais desconhecidos, do qual muitos intelectuais mantêm distância, mesmo quando se sujeitam a tarefas duras. Em *O tempo reencontrado*, Proust escreve:

> Todo acontecimento — que fosse o Caso Dreyfus ou a guerra — tinha fornecido aos escritores outras tantas desculpas para não decifrar aquele livro; a eles importava assegurar o triunfo do direito, reconstituir a unidade moral da nação, faltava tempo para pensar na literatura! Não passavam de desculpas: a verdade é que eles não tinham — ou não tinham mais — engenho, ou seja, instinto. Porque é o instinto que dita o dever, e a inteligência fornece os pretextos para evitá-lo. Só que, na arte, as desculpas não valem e as intenções não são levadas em conta, a todo momento o artista tem de ouvir o próprio instinto: isso faz com que a arte seja o fato mais real, a mais austera escola de vida, e o verdadeiro Juízo Final. Aquele livro, o mais árduo de decifrar, também é o único que a realidade nos ditou, o único "impresso" em nós pela própria realidade. Seja qual for a idéia que a vida deixou em nós, sua representação material, marca da impressão por ela produzida em nós, sempre é o penhor de

sua verdade necessária. As idéias formadas pela inteligência pura só possuem uma verdade lógica, uma verdade possível, e sua escolha é arbitrária. O livro de caracteres figurados, não traçados por nós, é o único livro nosso. Não que as idéias que formamos não possam ser logicamente corretas; mas não sabemos se são verdadeiras. Só a impressão, por mais ínfima que possa parecer a matéria e inapreensível o rastro, é um critério de verdade; e só ela merece, portanto, ser apreendida pelo espírito, como a única capaz, se ele souber dali extrair a verdade, de conduzi-lo a uma maior perfeição e de oferecer-lhe uma alegria realmente pura. A impressão é, para o escritor, o que o experimento é para o cientista: com a diferença, no entanto, de que no cientista o trabalho da inteligência precede, no escritor, segue. O que não pudemos decifrar aclara-se com nosso esforço pessoal, o que era claro antes de nossa intervenção não é coisa nossa. Só provém de nós aquilo que nós mesmos tiramos da escuridão que está em nós, e que os outros não conhecem.

Aqui emerge toda sua paixão pela busca de uma verdade liberada da pretensão de corresponder-lhe, a paixão pela criação livre da "falsidade da chamada arte realista", que se realiza na qualidade da linguagem, no silêncio e sem proclamações: "Uma obra que contém teorias é como um objeto no qual se deixou a etiqueta com o preço". Proust foi para a escritura o que Jankélévitch diz dos artistas da música:

> Os grandes inovadores são os que inovam sem tê-lo expressamente desejado, que não procuram fazer o que é novo. Pigmeus e mosquitinhos são os que se colocam tantos problemas! O criador, ao contrário, antes de tudo faz música porque tem alguma coisa a dizer e sente a necessidade de dizer; além disso, o que escreveu resultará novo graças à espontaneidade inventiva e improvisadora do gênio. "Querer dizer" não raro é o meio mais certo para não convencer.

Quem quer pregar sermão rechaça e desanima nosso consenso; quem muito quer convencer deixa de ser convincente; quem muito quer demonstrar se torna suspeito por conta própria. [...] Eis por que a propaganda é tão fraca, tão ineficaz, tão pouco persuasiva: porque o próprio propagandista tem de fingir espontaneidade para encontrar audiência.

A literatura se torna, aqui, revelação original, invenção de sentido (de uma pluralidade de sentidos), narração de um *eu* cindido e recomposto, desvelado a si próprio e, ao mesmo tempo, a outros inúmeros tu. Para Walter Benjamin, a obra de Proust, ainda que fundamentada no sofrimento, evidencia "um lancinante desejo de felicidade" num labirinto narrativo que é uma exploração inesgotável de verdade.

Mas, para Maurice Blanchot, a descoberta proustiana é a de mostrar que

> os instantes privilegiados não são pontos imóveis, uma só vez reais, a ponto de ter de ser representados como uma única, fugidia evanescência, mas que da superfície da esfera ao seu centro passam e repassam rostos, de modo incessante embora intermitente, em direção à intimidade de sua verdadeira realização, procedendo da irrealidade à profundidade oculta, que alcançam quando o centro imaginário e secreto da esfera é alcançado: esfera que, a partir daí, parece regenerar-se na hora em que está completa.

Para Blanchot, o anjo da noite guarda com suas grandes asas morenas toda a obra de Proust (imagem com a qual o autor simboliza sua arte, toda mergulhada no silêncio e na solidão). De um lado, há a vida tumultuosa, barulhenta, vulgar; de outro, tudo o que a excede: a noite que não apaga o dia, mas o memoriza nas cores de uma espiritualidade serena, na busca de um lugar que contradiz um outro que parece recusá-lo, no dissídio entre a vida presente e a vida da memória.

Ao concluir seus ensaios críticos sobre Proust, colocando-se idealmente do lado dos leitores, Giovanni Macchia escreve uma epígrafe que é, concomitantemente, uma síntese de sua interpretação crítica, o retrato emocionado de um grande fabulador e de um artista que revelou muitos segredos dos homens contemporâneos, começando por seu próprio coração:

> Caro, dulcíssimo Proust. Você foi o último herdeiro de uma tradição que acreditou na arte como fim supremo do homem. Você explorou com extrema coragem o Continente Homem, em seus vícios e ideais. Extraiu do mundo físico sinais que ninguém mais conseguira decifrar. Descobriu jardins nas xícaras de chá [...]. Murou-se prisioneiro num farol, como Baudelaire, misturando na ampla taça de seu sistema substâncias as mais diversas: positivismo e bergsonismo, misticismo e intelecto, êxtase e análise, crítica e imaginação, platonismo e conhecimento. Falando de tudo, de pintura, teatro, arquitetura, poesia, você perseguia a específica e volátil essência das coisas, para a reconquista de um paraíso de essências. Moderníssimo até o tormento, adorou perdidamente o sabor, a cor de coisas velhas e desaparecidas da Franca "seigneurial" e burguesa, no mistério religioso das catedrais, na majestade da pedra. Em sua infinita prolixidade, obrigou-nos a sofrer, a amar, a nos maçar, brindou-nos com tristeza e entusiasmo, confiança e desconforto, guiando-nos em sua densa mata para depois nos dispersar, nos humilhar. Escreveu uma nova *Commedia*, ou um novo *Roman de la Rose*. E agora que sobre sua obra, como nas antigas pinturas, depositou-se a unidade transparente que você chamou "le vernis des maîtres", e a pátina e o véu que apenas o tempo sabe dar às imagens da arte, agora também percebemos que não podemos situá-lo na tranqüila luz indireta, meio fria, que as denominadas operações críticas da história impõem. De tudo o que se escreveu, que é como uma catedral cheia de hirtos coruchéus sobre outra imensa catedral, basta-nos alcançar a

consoladora certeza de que você mudou o velho mundo sem destruí-lo.

Do receio de Marcel (o eu-narrador da *Recherche*) de não saber escrever, brota uma das mais potentes, complexas e fascinantes criações literárias da modernidade. Seu *eu* (*viator* e *auctor*, como Dante na *Comédia*) se decompõe em representações mais penetrantes, realistas, analíticas e simbólicas. Proust escritor e Marcel personagem despedem-se dos esquemas narrativos tradicionais. Sua viagem narra do mundo e da alma, de inúmeros eus e tus e de suas inesgotáveis transformações interiores e exteriores. Deles toma parte, dizendo muito, talvez tudo, de si próprio, transformando sutilmente nosso sentido das coisas e do mundo.

Richard Wagner — um grande autor, amado, compreendido e admirado por Proust — também tinha plena consciência do próprio gênio e, ao mesmo tempo, sentido dos próprios limites. Talvez seja possível aplicar também a ele a frase que Miguel de Unamuno escreveu para Dom Quixote: "Coisa grande e terrível é ter uma missão e ser o único a saber disso". Sua desmedida ambição era mitigada por inúmeras dúvidas. Em carta a Liszt (escrita durante a composição do segundo ato do *Tristão*), Wagner fala da própria "absoluta inaptidão para a música", quase com os mesmos tons da carta para Mathilde Wessendiock (durante a composição do terceiro ato do *Tristão*): "Tudo o que esbocei me parece horrível, de tal modo que perco toda vontade de fazer, e já não quero continuar". Sua soberba *sui generis* induzia-o, às vezes, até a se espantar, ao invés de se orgulhar de suas criações.

O programa artístico de Wagner era desmedido: dar um som para o mundo. Sua "louca" ambição de dar uma expressão clara a uma paixão obscura encontrava alimento ao provocar a reação das trevas com a luz, do intelecto com o coração; ao dar medida ao incomensurável e ao indizível; enfim, no olhar que não pára de fitar o que aterroriza, pois se parasse teria de admitir a própria derrota.

Num drama cujos bastidores são a alma, e palco, a consciência, Tristão e Isolda são "dois" mas aspiram a tornar-se "um". No segundo ato, Tristão diz: "Você é Tristão, eu Isolda! Sem nome que separa! Novo nome, nova chama!". Isolda responde com a mesma força. O anseio pelo um é o olhar, o meio mais íntimo e individual que se pode conceber. Tristão e Isolda se olham. Cada um se perde no abismo do outro, vivendo até o fundo o desejo ardente e a vertigem de ser *um*. Mas a vertigem está no olhar, não no abismo.

Proust e Wagner aproximam-se muito na capacidade de fundir grandiosas arquiteturas narrativas com uma absoluta individualidade. Estar à altura da escuta significa abrir espaços em si próprios, abrir mão de tudo o mais, estranhar-se de toda imediação.

A natureza essencialmente quantitativa de nossa época tende a excluir a seletividade natural dos criadores. Como Nietzsche preconizara na segunda *Consideração intempestiva*, o nosso é um tempo tolhido de gosto e de estilo porque aspira "ser" e "compreender" tudo. Sua vontade de entender, saborear, guardar, revisitar, promover e relançar todos os possíveis gostos e estilos o fez precipitar-se na impossibilidade de chegar a um gosto próprio, a um estilo próprio. O "homem de cultura" moderno, no qual, como num microcosmo, concentram-se as mais significativas aspirações da época — com sua mania de ubiqüidade, sua fome onívora e indiferenciada dos "bens culturais", sua volátil e superficial mobilidade intelectual, sua ágil mas indiferenciada *apreensão espiritual* —, é essencialmente um ser sem gosto e sem estilo.

Nada está mais distante da verdadeira criatividade do que essa natureza onívora, enciclopédica e museográfica de nosso tempo. De resto, que uma excessiva "disponibilidade" espiritual se torna, inevitavelmente, seu avesso, numa essencial "improdutividade", Robert Musil o mostrou em sua belíssima e inacabada representação da infecundidade moderna que é *O homem sem qualidades*. Mas esta é uma outra história.

COMPANHEIROS DE VIAGEM

BLANCHOT, M. "L'esperienza di Proust" (1954). In: *Il libro a venire*. Turim: Einaudi, 1969. Ed. portuguesa: *O livro por vir*. Trad. Maria Regina Louro. Lisboa: Relógio d'Água, 1984.

JANKÉLÉVITCH, V. *La musica e l'ineffabile* (1961). Nápoles: Tempi Moderni, 1985.

LEOPARDI, G. *Canti*. Introdução e comentário de Mario Fubini, ed. reconstituída com a colaboração de Emilio Bigi. Turim: Loescher, 1964.

MACCHIA, G. *L'angelo della notte*. Milão: Rizzoli, 1979.

MONTALE, E. *Tutte le poesie*. 4ª ed. Org. de Giorgio Zampa. Milão: Mondadori, 1989.

_____. *L'opera in versi*. Ed. crítica, org. de Rosanna Bettarini e Gianfranco Contini. Turim: Einaudi, 1980.

NIETZSCHE, F. *Considerazioni inattuali*. Turim: Einaudi, 1981.

PROUST, M, *Il tempo ritrovato*. Turim: Einaudi, 1978.

_____. *Alla ricerca del tempo perduto*. Milão: Mondadori, 1995.

RELLA, F. *Miti e figure del moderno*. Milão: Feltrinelli, 1993.

RILKE, R. M. *I quaderni di Malte L. Brigg*. Org. de Giorgio Zampa. Milão: Bompiani, 1943.

_____. *Lettere a un giovane poeta, a una giovane signora. Su Dio*. Milão; Florença: Adelphi, 1980.

_____. *Poesie (1907-1926)*. Org. de Andreina Lavagetto. Turim: Einaudi, 2000.

_____. *Sonetti a Orfeo e poesie sparse*. Pordenone: Studio Tesi, 1995.

SERRES, M. *Le origini della geometria*. Milão: Feltrinelli, 1995.

SEVERINO, E. *La gloria*. Milão: Adelphi, 2001.

Certas extremidades da consciência

> Minha mente poderia estar lá, onde eu já não tenho o menor acesso.
>
> *Thomas Bernhard*

> No próximo pensamento iria além! E então aconteceu. Foi atingido, acometeu-o um golpe, interno, na cabeça. [...] Tinha atravessado o limite de sua capacidade de pensar, ou então ali, onde ele tinha estado, nenhum homem era capaz de continuar a pensar.
>
> *Ingeborg Bachmann*

> Meu Deus, meu Deus, a quem assisto?
> Quantos sou? Quem é eu?
> O que é este intervalo que há entre mim e mim?
>
> *Fernando Pessoa*

Cifra essencial e distintiva da modernidade é ter inscrito a experiência do homem e o mistério que o cerca na ordem de uma racionalidade abstrata e de frias formalizações jurídicas, que lançaram densíssimas sombras sobre as emoções e as relações humanas, numa formidável *eclipse do sentimento*. Da investigação científica à elaboração jurídica e filosófica, esta foi a questão crucial da modernidade: talvez, o ponto máximo de sua crise.

Não se tratou apenas, como no entanto alguém afirmou, das conseqüências de uma *Spaltung* entre natureza e cultura, mas de um incessante trabalho de separação do pensamento do *mundo da vida*. Nessa designação unívoca, nessa incapacidade de dar ao avesso das coisas a mesma dignidade que à face — que afinal é cancelamento do desvio entre dizível e indizível, pensável e impensável, representável e irrepresentável — reside a espiral da dissolução do "moderno".

Tudo isso tem a ver com uma proibição da modernidade: o *limite*. O mesmo enigmático *limite* que, da inapreensibilidade de suas determinações, não deixa de nos questionar e nos solicita a novos pensamentos da liberdade.

Mas antes de procurar em nós esse limiar (mesmo ex-pondo-nos ao risco de nos tornarmos, nós mesmos, limiar) é oportuno produzir um contragolpe que possa recolocar em discussão os hábitos psicológicos e as práticas discursivas que, do limite, negaram a pensabilidade. Claro, os perigos são inúmeros. Mas, se porventura conseguíssemos, não cairia talvez a tese segundo a qual do limite (que é limiar do impensável) não se deve sequer falar?

Porque nós falamos. Isso é indubitável. Mas nossa fala assume clareza quando nos deparamos com um aspecto da realidade que desorganiza aquele que consideramos o âmbito do pensável. Quando isso acontece, não nos limitamos a registrar a surpresa, mas também reagimos, construindo um discurso que se esforça para dizer o impensável.

Assim declinada, a questão poderia ser a de um *limite exterior* ao pensamento: ou seja, uma zona cinzenta, às margens da trama lógica que a filosofia tenta desvelar. É claro que, nesse caso, o impensável é um deslocamento até os limites da consciência, além das esferas do pensamento, e sobre isso — adverte-nos Wittgenstein em seu *Tractatus* — é preciso calar-se.

Apesar disso, muitas situações e experiências pré-filosóficas ou extra-filosóficas permanecem impensáveis. Se for verdade o que Lacan dizia — remodulando o conceito freudiano do "retorno do recalcado": ou seja, que o que é excluído do simbólico reaparece no real —, então essa radical irredutibilidade do impensável tem de solicitar uma perspectiva diferente. O impensável poderia ser compreendido como o *limite interno* do pensamento: um pensamento que deixou para trás a obsessão lógico-conceitual e que foi restituído às próprias raízes afetivas e emocionais. Se esse gesto tivesse fundamento, tornaríamos a questionar a primazia onto-lógica da filosofia, que, afinal, é a condição de possibilidade para que o pensamento se distancie da realidade o suficiente para que dela possa falar.

Nesse novo horizonte, o limite já não é um objeto a ser investigado, controlado e medido. Para termos acesso a ele (como fazemos com os mistérios) é preciso apelar para uma pluralidade de olhares. Eis por que traçar as figuras do *limite* (que do pensável é o *fundamentum inconcussum*) requer aproximações parciais, registros mutáveis do discurso, que incluam metáforas e sugestões literárias. A ele, de fato, não se pode ter acesso por via reflexiva, mas com um movimento que contempla toda passagem, ainda que inapreensível.

Embora posto às margens pela modernidade (colocado à sombra pelo pacto mimético que garantia a relação entre o *eu* e o mundo), o limite reaparece, então, como o "recalcado que retorna". Não que o Ocidente, em sua longa vicissitude histórica, tenha deixado de se preocupar com isso. A filosofia, a arte, a ciência, sempre estiveram sujeitas a seu perturbante fascínio. Mas nem idiomas universais, nem pontas acuminadas desvelaram alguma vez o seu enigma. E, no entanto, todas as civilizações interrogaram suas figuras. Todas, em busca de regularidade, perscrutaram o céu, elaboraram calendários, inventaram números, curaram doenças.

O limite se torna conceito nas margens jônicas de uma Grécia às voltas com as formas da matemática pura. Lá, o in-definido *ápeiron* constitui-se contra o de-finido *finis*. Para os gregos, o mundo é regido por uma ordem imutável, universal. Nas palavras de Puech, o tempo é

> um ideal de inteligibilidade que assimila o ser pleno e autêntico ao que é em si e permanece idêntico a si, ao eterno e ao imutável; ele [o grego] considera o moto e o devir como

graus inferiores da realidade nos quais a identidade é assimilada — na melhor das hipóteses — sob a forma de permanência e de perpetuidade, de recorrência, portanto.

O mundo anterior à Jônia — feito de vazios e lacunas, de incerteza e risco — dá lugar à idéia de um universo criado em sua totalidade, regulado por uma ordem imutável.

Para Neher,

> nunca o tempo, em sentido próprio e forte, teve realidade, sendo o mundo essencialmente cosmo, universo imutável e ordenado, movimento regular e numerado, espaço.

Um espaço, este, que é espaço lógico da linguagem, tempo sem duração, julgamento que separa.

Antes que o limite se constituísse como ponto de co-incidência entre pensamento e ser, os gregos desconheciam a nostalgia da unidade perdida, a pretensão de valores universais. O limite — que a matemática inventara para circunscrever os enigmas do mundo —, se, por um lado, revoluciona as relações espaciais (alto e baixo, queda e subida, exílio e retorno), por outro repatria o recalque (o mito) na representação do mundo.

A geometria, que introduzira uma ordem rigorosa no mundo, multiplica os conhecimentos em espaços divergentes, fragmenta a continuidade da tradição (a verdade de épocas inteiras) e complica a evolução até o caos. A solução torna-se enigma. A ordem geométrica euclidiana decompõe-se em tramas descontínuas, fragmentárias. Se a montante dos gregos o advento da racionalidade pura havia solucionado o drama irracional, agora se torna culpa lógica, teatro do desespero.

Sobre o arquipélago imaginal das origens se alastra uma sombra que de um lado completa o destino da razão, de outro anuncia seu declínio. Aqueles poderes assumem as formas de uma beleza absoluta, para além da vida e da morte. Os gregos são narrados como sedentos de razão, ordem, beleza, luz, verdade.

Essa é sua vocação mais íntima. No entanto, a partir daquele momento, entram em declínio. Como se, fora das idéias puras, se sentissem exilados, decaídos: como homens *além da vida*, utilizando as palavras poéticas de Maria Zambrano. No *cerne da Verdade bem redonda* de Parmênides, há a saudade de um universo de formas eternas e imutáveis, indiferente aos ciclos do nascimento e da morte. Em seu pensamento,

> o ser se estreita ao ser. Mas imóvel, nos limites de grandes vínculos, não tem princípio ou fim, já que nascimento e morte foram expulsos para longe e uma verdadeira certeza os rechaçou. E, permanecendo idêntico no idêntico, em si próprio jaz, e desse modo ali permanece, firme. Com efeito, uma necessidade inflexível o mantém nos vínculos do limite, que o estreita em toda a volta, pois está estabelecido que o ser não seja sem conclusão: com efeito, nada lhe falta; se, ao contrário, o fosse, tudo lhe faltaria.

Parmênides almeja um mundo de formas perfeitas: uma ordem constituída por um só espaço para as coisas espaciais, um só tempo para as coisas temporais, uma só verdade para as verdades do mundo. O espaço como predicado de uma vivência, o tempo que acontece, a dilaceração de um julgamento, são verdades impensáveis. Parmênides protesta contra o horror da decadência, da velhice, da morte. Nega a incompletude da vida. Desconhece seu destino mortal. Morrer é, de fato, individualizar-se; e individualizar-se é separação, dor, queda no mundo. A vida começa com um sobressalto emotivo e sempre se acompanha do imprevisível, do terrífico, do amor, da angústia, da graça, da instabilidade.

A identidade eleática é um espaço psico-lógico invariável, uma realidade de coisas e substâncias, de causas e efeitos, que devora coisas e fatos com a mesma facilidade com que dá forma à vida, nela projetando conteúdos. É nessa identidade que os dispositivos jurídicos e filosóficos do Ocidente encontraram fundamento; dispositivos que enredaram e neutralizaram sentimentos e paixões. Ao longo desse caminho — como mostraram Lévinas e Rosenzweig — a filosofia tentou aclarar as profundezas humanas com a luz ofuscante de uma verdade para além do homem e da própria vida. Para Derrida, originou-se aqui a opressão ontológica que foi "origem e álibi de todas as opressões do mundo".

Mas a que nos referimos, hoje, ao dizer limite? Que questões o limite evoca? E como é possível pronunciar a *inevidente evidência* de uma metáfora que, por sua própria natureza, não tem existência geométrica e jurídica, mas é parte essencial de nós mesmos? Que nome dar àquilo *que está em* movimento? Aliás, *que é* movimento? Difícil deter as perguntas. Sinal de que nossas próprias definições são incertas. Dizer do limite, com efeito, nos ex-põe, inevitavelmente, ao confronto com as inúmeras palavras que o Ocidente forjou para designar os movimentos além de nós mesmos, entre luz e sombra, necessidade e liberdade, normalidade e patologia. Às voltas com seu infindável campo semântico, a linguagem parece indecisa, fugidia, constelada de paradoxos conceituais e lingüísticos. O limite não é o *aquém* ou o *além* das margens, mas o que as une e as separa. Uma fronteira, não uma simples passagem ou uma linha de fechamento. Antes, ambas as coisas. Uma coisa e outra; juntas. Mas limite também é corte, separação, individuação, identidade: um caminho entre as margens ocultas de diferentes identidades, e em si mesmas diferentes.

"Faltam-nos os nomes", exclamava Husserl, no início do século XX, meditando sobre a possibilidade de dizer as formas e as figuras que excedem o mundo, para além do qual a linguagem e o pensamento não podem se aventurar. Mas os limites do mundo são os limites da lógica: isto é, os limites de nossas representações, de nossas proposições sobre o mundo. A lógica — pensava Wittgenstein — traça os limites do mundo: portanto, os limites da lógica são os limites do mundo: ou seja, o espaço dentro do qual nossas proposições podem pronunciar-se sobre o mundo. Fora da lógica tudo é acidente. Talvez Wittgenstein pensasse numa *situação-limite* ao escrever:

> O que não podemos pensar, não podemos pensar; portanto, tampouco podemos *dizer* o que não podemos pensar.

Claro, a lógica nos ajuda a dizer coisas mais ou menos "sensatas" sobre o mundo. Mas, para tanto, a cada vez, ela tem de ultrapassar suas fronteiras. Ora, se as respostas ao enigma da vida estão fora do mundo — ou seja, fora do espaço e do tempo —, então a lógica só pode dizer do mundo ao hesitar no impensável e, portanto, no indizível. Mas, se assim fosse, ou seja, se assim o mundo terminasse, voltaríamos à estaca zero do conhecimento, e as perguntas que desde sempre estamos acostumados a dirigir à filosofia se tornariam — como Wittgenstein temia — apenas *proposições sobre outras proposições do mundo*.

Então, se é necessário recomeçar a pensar o limite — sobre o que acontece quando os fatos do mundo se dissipam —, é preciso fazê-lo num sentido totalmente novo. Pensando a partir *dele*, *nele* e, inevitavelmente, *além dele*. Mesmo contra as evidências aparentes do pensamento e da linguagem. Não para lançar novos alicerces sobre os velhos escombros da metafísica. Mas para reconhecer que, seja lá o que for que dissermos do limite, nós o habitamos plenamente; e que nossa interrogação — que dele brota — é a própria meta. As coisas do mundo — dizia Kafka — nunca se apresentam desde as raízes, mas de um ponto qualquer situado lá pelo seu meio.

Limite é um exercício de perplexidade, um lugar sem raízes. Conexões só em aparência imotivadas fazem pensar no que tinha em mente o judeu quando, ao amigo que lhe faz observar a distância da terra rumo à qual está prestes a dirigir-se, pergunta: "Longe de onde?". Ele, que não tem a intenção de afirmar a equivalência de todos os lugares, e portanto de todos os pontos do caminho (que por isso se tornaria insignificante, um não-caminho),

diz o pesar desesperado por nunca poder alcançar o lugar único, aonde ainda assim é indispensável chegar. Como escreve intensamente Sergio Quinzio, se a mensagem do imperador morto não consegue alcançá-lo,

> mas você está à janela e sonha com ela, ao anoitecer, isso não acontece porque você gosta de ficar à janela e sonhar, mas porque há realmente uma mensagem específica do imperador para você. A mensagem é que tem a força de suscitar o sonho, mas do sonho não surge nenhuma mensagem verdadeira, a única mensagem ainda é o sonho.

Esse *sonho-em-movimento*, esse *território-do-infinito-ir*, mostram a fragilidade de nossa condição. E, no entanto, é na proximidade *desses* limites, e através *desse* movimento — em que o espaço se desgasta e as promessas da história se abismam —, que se entreabre a soleira lacrada por nossas perguntas.

Pensar a vida do limite (e no limite) não promete conclusões fáceis. Um pensamento do limite não é apenas pensar sobre o limite. Tratar do tema do "limite" já é algo que nos leva para além das colunas de Hércules da filosofia e da psicanálise. A própria fenomenologia é convocada. Com efeito já não tem sentido algum se colocar ao abrigo de tranqüilizadoras "vivências" originárias que com o *cogito* selaram longas e secretas solidariedades. Os símbolos, as imagens, as metáforas, as linguagens da ciência, da técnica, da arte, transfiguram a experiência a ponto de tornar inutilizável qualquer vivência.

Tornar próprio o limite é puro *scandalon*. É preciso abandonar todo alento, toda certeza, toda inocência. Habitar um limiar, ficar além, sabendo que nunca poderemos nos separar dele.

Nesse *limen* imperfeito e desarmônico a existência renova sua relação com o mundo.

Fora do sujeito, o *eu* torna a ser imaginário, desejo, pura existência: melhor: puro *existente*. Um existente que toma forma nas vertentes sombrias da consciência. Nessa progressiva separação do mundo, a vida parece outra do que é.

Meu próprio corpo agora me parece alguma coisa outra em relação a mim. Vai abrindo caminho em mim como uma inadequação incipiente, uma incoerência, um estranhamento. Aquele mundo que antes era só diferente de mim, agora me parece estranho. Também eu me vejo estranho a ele. Esse estranhamento tornou-se tensão, dissídio, cisão.

Para se referir ao que — ser ou coisa — é radicalmente diferente da *evidência natural das coisas*, cuja presença é sentida como misteriosa, prodigiosa, ameaçadora, Rudolf Otto dizia *das ganz Andere*. Os termos *stupor*, *kainos*, *alius*, *extraneus*, *allos*, designam — como está claro em Benveniste — poderes estranhos ao mundo, que o dominam, mas que a ele pertencem intimamente. Poderes, estes, que habitam o mundo. Que conspiram contra o mundo. Que, enfim, do mundo se despedem.

Mas o que há *além da linha*? Como poderemos começar a pensar nossa própria experiência de uma terra que, perdido o favor dos deuses, deixou de ter qualquer poder de sedução? Aquele lugar — aquém de toda origem grega, e que já não é manancial imediato de experiência — é uma região (psíquica e corpórea) descontínua, que causa estranhamento. Um lugar onde nenhuma "ressonância vivida" pode ser formalizada: nem em termos geométricos, nem metafísicos.

Ora, se o mundo do qual falamos não é (mais) simplesmente um mundo exterior, mas um lugar mal delimitado, então o campo que se abre à nossa frente é uma *fenomenologia do atópico*. Mas "campo" ainda é um conceito impreciso. Que seja pertinente à relação analítica, ao espectro perceptivo ou ao conceito de consciência, ele ainda permanece interno às ciências da natureza.

Mesmo as categorias de interior e exterior, de zona intermediária, permanecem categorias euclidianas. Aqui, ao contrário, estamos além das determinações geométricas, antropológicas e filosóficas do espaço. O que considerávamos como uma evidência absoluta agora parece um *não-lugar* da mente, uma instável geografia psíquica.

Nesse *território liminar*, o tempo da vida e o tempo do mundo se intersectam: o espaço se transfigura na forma visível do tempo, o tempo, na forma visível do espaço. Essa fibrilação do acontecimento psíquico também estilhaça a possibilidade de uma *apreensão formal do tempo*. Além dessa fronteira, que des-loca a experiência convencional, o homem aparece completamente nu, suspenso, ao abrigo das "radiações" da história. O *eu* — do qual se pretendeu por muito tempo a unidade, como centro sintético da experiência — se dissolve. À cena *metafísica do eu* segue-se — como diria Aldo Masullo — o espetáculo dos *escombros do eu*.

Nos alvores do século XX, Fernando Pessoa escreve:

> Não sei quem sou, que alma tenho. Quando falo com sinceridade não sei com que sinceridade falo. Sou variamente outro do que um eu que não sei se existe (se é esses outros). Sinto crenças que não tenho. Enlevam-me ânsias que repudio. A minha perpétua atenção sobre mim perpetuamente me ponta traições de alma a um caráter que talvez eu não tenha, nem ela julga que eu tenha. Sinto-me múltiplo. Sou como um quarto com inúmeros espelhos fantásticos que torcem para reflexões falsas uma única anterior realidade que não está em nenhuma e está em todas. Como o panteísta se sente árvore e até a flor, eu sinto-me vários seres. Sinto-me viver vidas alheias, em mim, incompletamente, como se o meu ser participasse de todos os homens, incompletamente de cada, por uma suma de não-eus sintetizados num eu postiço.

Pessoa nos acompanha para fora do *princípio da não-contradição* que permeia todo discurso sobre a identidade. Pessoa caminha ao lado de si mesmo, sem a pretensão de resolver ou definir o inatingível. Ele revela um campo de experimentação em que a identidade, sem nenhuma nostalgia, se liberta das armaduras subjetivistas, jurídicas e psicológicas. Na tensão dramática entre o *destino da necessidade* e o *risco da liberdade*, o eu, puro *pronome*, prismaticamente se decompõe em múltiplas identidades.

"Mas quando somos nós?", pergunta(-se) Rilke. É improvável encontrar uma resposta desde o interior de um pensamento que considera a identidade como uma verdade que emerge de um jogo de espelhos dentro do qual refletir-se. Seja lá o que o "nós" for, nunca poderemos falar dele, ou até mesmo a ele fazermos alusão, apelando exclusivamente para a linguagem científica. Ele só se nos revelará quando os círculos internos da vida e do pensamento se aproximarem, no horizonte não axiomatizado do conhecimento.

Como freqüentemente aconteceu na história do conhecimento toda vez que surgem novas categorias, o conceito de *limite* abriu novos e surpreendentes territórios de pesquisa, sobretudo no âmbito da antiga e controversa questão da personalidade humana. Esta, de fato, se modificou no tempo conforme a prevalência das diversas teorias ou com a integração das diversas conceitualizações. Assim aconteceu, em âmbito psicopatológico, com o conceito de *borderline*.

A pesquisa psicanalítica mais atenta à reflexão fenomenológica aproximou o conceito de *borderline* — na definição de Heinz Kohut, "homem culpado" — de uma figura humana dominada por um *self* grandioso, profunda e irremediavelmente ferida na relação com o mundo, indiferente a seu ritmo, a seu chamado: em breve, uma figura humana radicalmente exposta ao malogro. (Diga-se de passagem: é singular que tenha sido a psicanálise a explorar e tematizar mais agudamente o problema do *borderline*, e que, ao contrário, a psicopatologia fenomenológica tenha sido essencialmente incapaz de pensar um tema de importância tão crucial.)

Daqui, pensar no homem torna-se outra coisa que não pensar sobre o homem. Ou seja, trata-se de pensar desde suas margens extremas, entre eu e mundo. Dessa posição, nada neutra, as perspectivas lógicas habituais, como também a compreensão de nós próprios em relação às coisas, se invertem.

E o limite se torna, então, *região de trânsito*, com nada além de suas bordas. Mas da borda de onde se debruça — precisamente porque rechaçado, recusado, negado — ele afirma a vida que o excede. A essas condições, a identidade como forma da experiência se reconfigura incessantemente, numa relação imprevisível e original com um mundo singular e irrepetível. Assim, se é impossível um discurso que defina inequivocamente a identidade, é igualmente impossível a tentativa de recompor a unidade perdida, os fragmentos espalhados e disseminados. Tendo se despedido definitivamente das pretensões do *eu* legislador, as dinâmicas psíquicas repatriam em si o imaginário, o desejo, o símbolo: como era a vida antes que se tornasse universo objetivo. Esse caminho é marcado por um gesto de liberdade, por um olhar que detrás da aparência não procura mais algo em si, mas apenas si mesmo: como um avesso da consciência, uma vertente da representação exposta à sombra.

Mas como poderemos reconsiderar nossa própria experiência a partir de um *não-lugar*? Uma experiência psíquica e corpórea do limite é fenomenologicamente descontínua, ectópica, estranhante, indiferente aos paradigmas espaciais, às mensurações objetivas do mundo, à distância entre interior e exterior. Aqui, nenhuma ressonância vivida pode ser formalizada: nem em termos geométricos, nem metafísicos. De fato, se dissermos que o mundo de que falamos não é (mais) simplesmente um mundo exterior, mas um mundo que *internaliza o exterior* e *externaliza o interior*, então a diferenciação entre os dois pólos — interno e externo, superficial e profundo (categorias sobre as quais a tópica psicanalista se constituíra) — se perde. Abre-se, ao contrário, um lugar outro, entre externo e interno, de interação, de encontro.

Ainda que aparentemente paradoxal, a conceituação do limite leva à dissolução do espaço como lugar de precisa determinação posicional, antropológica e filosófica. Tudo isso já não tem nada a ver com a medida do tempo no mundo. *Tempo da vida e tempo do mundo* (*Lebenzeit und Weltzeit*) são irredutíveis um ao outro. Aqui o tempo cruza o espaço e os eventos concretos numa zona tetradimensional, num *dis-continuum espaço-temporal*. Nessa região de extraordinária fusão o espaço se torna a forma visível do tempo e o tempo, a forma visível do espaço.

Nessa configuração do acontecer psíquico, torna a ser radicalmente questionado o que William Stern denominou "tempo da presença psíquica". A simultaneidade de movimento dos elementos caóticos do limite tolhe de sentido a possibilidade de uma percepção direta de relações temporais. Para o tempo da presença há um limite que *des-loca* e *des-situa* o homem dos eixos da experiência ordinária e convencional, levando-o, completamente nu, a consistir, *in limine*, na suspensão condicionada de seu *estar-no-mundo-além-do-mundo*.

Nesse deslocamento espaço-temporal, o *eu* — do qual, por muito tempo, pretendeu-se a unidade, como centro sintético da experiência — decai. Na ausência de lugar que o limite traceja, o *eu* se revela com uma máscara culturalmente construída e institucionalmente imposta ao fantasma do *self*. Ao longo dessa linha que delimita o conhecido do desconhecido, é perfeitamente ilusório termos a pretensão de nos ancorarmos nas telas protetoras do próprio mundo. É preciso saber sustentar o equilíbrio instável de uma biografia que deixou de nos corresponder e que se dissolve prismatica-mente nos fragmentos da própria identidade, do próprio nome, do próprio *self*.

Sabe-se lá por que nesse último passo do discurso vem à minha memória Buzzati, em *I sette messaggeri* [*Os sete Mensa-*

geiros]. O autor narra de um príncipe que, durante a vida toda, tenta alcançar as fronteiras do próprio reino: fronteiras que nunca alcançará. Uma terra onde o princípio é o fim, e onde o fim é o princípio, não tem, não pode ter, fronteiras. Somente trânsitos indecisos, lugares de hesitação.

Depois que a História se apossou de nossos nomes, servindo-se deles para compor o dela, a paisagem insular que chamávamos *eu* deixa entrever um arquipélago móvel, instável. Uma utopia? Difícil dizer. Claro, não um lugar da inocência, mas um caminho acidentado e tortuoso, ao longo do qual, em incessante adiamento, um homem encontra o espelho do próprio destino ético e existencial. Um lugar onde a liberdade é definida só por aquilo de que temos consciência, pela capacidade de fazer surgir perguntas e dúvidas, para ouvi-las e saber que caminho gostariam de tomar. Ninguém pode eludir "esta incessante passagem", como escreve Caterina Resta, "entre oculto e manifesto, estranho e familiar, errância e raiz".

Para além daquela fronteira há só um espaço sombrio que a cumplicidade do mar deixou en-tender como uma possibilidade de salvação, uma esperança graças à qual nos arriscamos até aquele ponto em que nada mais somos do que esse risco: ou seja, o risco de nos encontrarmos no limiar de uma aventura de que não desconfiamos, mas da qual vislumbramos os indícios e os sinais premonitórios.

Da terra rumo à qual estamos a caminho, não conhecemos as fronteiras. No entanto, nessa *terra de passagem* onde sabemos que somos estrangeiros para nós mesmos, reside, temos certeza, mais do que estamos dispostos a admitir, a promessa de um novo nascimento. A espera de uma terra que amamos com todas as nossas forças. A esperança insistente de nosso porvir.

BENVENISTE, É. *Il vocabolario delle istituzioni indoeuropee*. 2 vols. Turim: Einaudi, 1976. Ed. brasileira: *O vocabulário das instituições indo-européias*. Trad. Denise Bottmann. Campinas: Editora da Unicamp, 1995.

BINSWANGER, L. *Tre forme di esistenza mancata*. Milão: Il Saggiatore, 1964. Ed. brasileira: *Três formas da existência malograda: extravagância, excentricidade, amaneiramento*. Rio de Janeiro: Zahar, 1977.

BLANKENBURG, W. *La perdita dell'evidenza natural*e. Milão: Raffaello Cortina Editore, 1998.

BORGNA, E. *Malinconia*. Milão: Feltrinelli, 1995.

BUZZATI, D. *Sessanta racconti*. Milão: Mondadori, 1968.

CALLIERI, B. *Quando vince l'ombra: problemi di psicopatologia clinica*. Ensaio introdutório de M. Maldonato. Roma: Edizioni Universitarie Romane, 2001.

CIARAMELLI, F. *La distruzione del desiderio*. Bari: Dedalo, 2000.

CRESPO, A. *La vita plurale di Fernando Pessoa*. Org. B. De Cusatis. Roma: Antonio Pellicani, 1997.

DELEUZE, G. "Pensiero nomade". In: *Divenire molteplice: saggi su Nietzsche e Foucault*. Org. U. Fadini. Verona: Ombre Corte, 1996.

_____. *Foucault*. Milão: Feltrinelli, 1987. Ed. brasileira: *Foucault*. Trad. Claudia Sant'Anna Martins. São Paulo: Brasiliense, 1991.

DERRIDA, J. *La scrittura e la differenza*. Turim: Einaudi, 1982. Ed. brasileira: *A escritura e a diferença*. Trad. Maria Beatriz M. N. da Silva. 3ª ed. São Paulo: Perspectiva, 2002.

FOUCAULT, M. *Les mots e les choses*. Paris: Gallimard, 1960. Ed. brasileira: *As palavras e as coisas*. Trad. Salma Tannus Muchail. 6ª ed. São Paulo: Martins Fontes, 1992.

_____. *L'ordre du discours*. Paris: Gallimard, 1971. Ed. brasileira: *A ordem do discurso: aula inaugural no Collège de France, pronunciada em 2 de dezembro de 1970*. Trad. Laura Fraga de Almeida Sampaio. São Paulo: Loyola, 1996.

GARGANI, A. G. *Il filtro creativo*. Roma; Bari: Laterza, 1999.

_____. *Lo stupore e il caso*. Roma; Bari: Laterza, 1985.

GIRARD, R. *La violenza e il sacro*. Milão: Adelphi, 1980. Ed. brasileira: *A violência e o sagrado*. Trad. Martha Conceição Gambini. São Paulo: Editora da Unesp, 1990.

_____. *Delle cose nascoste sin dalla fondazione*. Milão: Adelphi, 1983.

GREEN, A. *Psicoanalisi degli stati limite*. Milão: Raffaello Cortina Editore, 1990.

JANKÉLÉVITCH, V. *Pensare la morte?* Introdução de E. Lisciani-Petrini. Milão: Raffaello Cortina Editore, 1995.

LEONI, F. *Follia come scrittura del mondo: saggi su Minkowski, Straus, Kuhn*. Milão: Jaca Book, 2001.

MASULLO, A. *Il tempo e la grazia: per un'etica della salvezza*. Roma: Donzelli, 1995.

HILLMAN, J. *L'ora di Pan*. Milão: Adelphi, 1997.

NEHER, A. *L'esilio della parola*. Gênova: Marietti, 1997.

PARMÊNIDES. *Poema sulla natura*. Org. G. Reale e L. Ruggiu. Milão: Rusconi, 1991. Ed. brasileira: *O poema*. Trad. Gerardo Mello Mourão. São Paulo: GRD, 1987.

PESSOA, F. *Il libro della inquietudine*. Org. Antonio Tabucchi. Milão: Feltrinelli, 1986. Ed. brasileira: *O livro do desassossego*. Composto por Bernardo Soares, ajudante de guarda-livros na cidade de Lisboa. São Paulo: Companhia das Letras, 1999.

_____. *Poesie di Álvaro de Campos*. Org. Antonio Tabucchi. Milão: Adeplhi, 1993.

_____. *Una sola moltitudine*. 2 vols. Org. A. Tabucchi e M. J. Lancastre. Milão: Adelphi, 1979.

PORRO, M. "Introduzione". In SERRES, M. *Passaggio a Nord-Ovest*. Parma: Pratiche Editrice, 1984.

PUECH, H. C. *Sulle tracce della Gnosi*. Milão: Adelphi, 1985.

QUINZIO, S. *Radici ebraiche del moderno*. Milão: Adelphi, 1990.

RESTA, C. *Il luogo e le vie: geografie del pensiero in Martin Heidegger*. Milão: Franco Angeli, 1996.

_____. *La terra del mattino*. Milão: Franco Angeli, 1998.

_____. *Passaggi al bosco: Ernst Jünger nell'era dei titani*. Org. L. Bonesio e C. Resta. Milão: Mimesis, 2000.

RILKE, R. M. *I quaderni di Malte L. Brigge*. Org. de Giorgio Zampa. Milão: Bompiani, 1943.

_____. *Lettere a un giovane poeta, a una giovane signora. Su Dio.* Milão; Florença: Adelphi, 1980.

SARAIVA, M. *O caso clínico de Fernando Pessoa.* Lisboa: Edições Referendo, 1990.

SERRES, M. "Discorso e percorso". In *L'identità*, org. Claude Lévi-Strauss. Palermo: Sellerio, 1980.

_____. *Le origini della geometria.* Trad. it. A. Serra. Milão: Feltrinelli, 1995.

SEVERINO, E. *La gloria.* Milão: Adelphi, 2001.

WITTGENSTEIN, L. *Tractatus logico-philosophicus.* Org A. G. Conte. Turim: Einaudi, 1989. Ed. brasileira: *Tractatus lógico-philosophicus.* 2ª ed. Tradução, apresentação e estudo introdutório de Luiz Henrique Lopes dos Santos. São Paulo: Edusp, 1994.

ZAMBRANO, M. *L'agonia dell'Europa.* Veneza: Marsilio, 1999.

Sobre o autor

Mauro Maldonato é psiquiatra e filósofo, professor de Psicopatologia na Universidade de Nápoles e de Ciência do Comportamento na Universidade da Basilicata. Colaborador do jornal *La Repubblica* e diretor da revista *Élites*, publicou vários livros, entre eles: *Ciò che non so dire a parole: fenomenologia dell'incontro* (organização com Bruno Callieri; Nápoles, Guida, 1998); *Quando vince l'ombra: problemi di psicopatologia clinica*, de Bruno Callieri (ensaio introdutório; Roma, Edizioni Universitarie Romane, 2001); *A subversão do ser — Identidade, mundo, tempo, espaço: fenomenologia de uma mutação* (São Paulo, Peirópolis, 2001); *Dal Sinai alla rivoluzione cibernetica: l'ordine individualistico della libertà* (Nápoles, Guida, 2002); *Al limite del mondo: filosofia, estetica, psicopatologia* (organização com Federico Leoni; Bari, Dedalo, 2002); *La psichè e la sua ombra* (Nápoles, Guida, 2004); *Desafios da comunicação: caminhos e perspectivas* (São Paulo, Palas Athena, no prelo)

Este livro foi composto em Sabon pela Bracher & Malta, com fotolitos do Bureau 34 e impresso pela Bartira Gráfica e Editora em papel Pólen Soft 80 g/m² da Cia. Suzano de Papel e Celulose para a Editora 34, em junho de 2004.